Rhododendron und Azaleen

Rainer und Helmut Härig

Rhododendron und Azaleen

3. Auflage
59 Farbfotos
18 Zeichnungen

E.U.
VERLAG
EUGEN
ULMER

Seite 2: Eine harmonische Kombination von Blütenfarben und Habitus. Locker und leicht wirkt der Aufbau der sommergrünen Azalee 'Harvest Moon' vor dem Hintergrund der prächtig rosa-violett blühenden *Rhododendron catawbiense.*

Bibliografische Information Der Deutschen Bibliothek
Die Deutsche Bibliothek verzeichnet diese Publikation in der Deutschen Nationalbibliografie; detaillierte bibliografische Daten sind im Internet über http.//dnb.ddb.de abrufbar.

ISBN 3-8001-4683-5

Wollgrasweg 41, 70599 Stuttgart (Hohenheim)
Printed in Germany
Lektorat: Gerhard Bley
Herstellung: Steffen Meier
Einbandgestaltung: Alfred Krugmann, Freiberg
Satz: Typomedia Satztechnik GmbH, Ostfildern
Reproduktion: BRK GmbH, Stuttgart-Plieningen
Druck und Bindung: Georg Appl, Wemding

Vorwort

Rhododendron und Azaleen zählen heute zu den beliebtesten Gartengehölzen. Ihre Vielfalt an Arten und Sorten, die sich im Wuchsbild, in Blütenformen und -farben erheblich unterscheiden, ist unglaublich groß. Es ist viel zu wenig bekannt, daß sich unter ihnen Zwerge befinden, die nur wenige Zentimeter hoch werden, und andere, die an Naturstandorten als große Büsche oder gar Bäume ganze Rhododendronwälder bilden.

Immer wieder begeistern sie uns mit dem unerschöpflichen Farbenspiel ihrer Blütenfarben in Weiß, Gelb, Rot, Rosa, Blau, Violett und Lila! Erste Farbtupfer zeigen sich bereits im Februar/März, bevor dann zur Hauptblütezeit im Mai/Juni ein berauschendes Blütenfest anbricht, um schließlich mit der Blüte einiger Wildarten und Sorten im Spätsommer zu enden. Dann sind es die Azaleen, die mit ihrer herbstlichen Laubfärbung in strahlendem Gelb, leuchtendem Rot oder kräftigem Orange das Gartenjahr enden lassen.

Bei entsprechenden Wachstumsbedingungen und etwas Pflege werden sie sehr alt und setzen jedes Jahr reichlich Blütenknospen an. Gerade wegen dieser Treue und Zuverlässigkeit sind viele Pflanzenfreunde zu leidenschaftlichen Rhododendronliebhabern geworden. Wir wollen die Welt dieser prächtigen Pflanzen vorstellen, ihre Ansprüche kennenlernen und Fragen zum Standort, zu Arten und Sorten, zur Pflanzung und Pflege, zur Vermehrung und Gestaltung u.a. beantworten. Tips und Ratschläge im Umgang mit diesen »Alpenrosen« (so werden sie oft landläufig bezeichnet) sollen den Pflanzenfreund begleiten. Dabei wird nicht nur der Profi angesprochen, vielmehr auch der Neugierige oder Anfänger, der umsetzbare Rezepte und Anregungen sucht.

Nicht ganz selbstverständlich ist, daß zwei Brüder, die beruflich und privat eng mit diesen Pflanzen verbunden sind, ihr Wissen zusammengefaßt haben. Der eine als Gärtner, der sich auf die Kultur von Rhododendron und Azaleen spezialisiert hat, der andere als vormaliger Mitarbeiter in der Lehr- und Versuchsanstalt für Gartenbau Bad Zwischenahn, die mit rund 1.900 Arten und Sorten weltweit über eine der größten Rhododendron- und Azaleensammlungen verfügt.

Glücklich sind wir über die ausgezeichnete Zusammenarbeit mit dem international bekannten Rhododendronexperten Walter Schmalscheidt, Oldenburg. Mit größtem Engagement hat er das Buch während aller Phasen durch wertvolle Ratschläge, Hinweise und Textkorrekturen begleitet. Ihm ist es auch zu verdanken, daß wir viele bisher noch nicht veröffentlichte Daten, insbesondere auch Sortenbeschreibungen, miteinbeziehen konnten. Dafür möchten wir ihm an dieser Stelle unseren ganz besonderen Dank aussprechen.

Danken möchten wir dem Verlag Eugen Ulmer und allen Mitarbeitern für die hervorragende Ausgestaltung des Buches sowie dem Lektor G. Bley für die stets kooperative und gute Zusammenarbeit.

Ein lieber und natürlich ganz besonderer Dank gilt aber unseren Familien, die mit Geduld und Nachsicht unsere Arbeit ermöglicht haben.

Großenkneten/Edewecht
Helmut und Dr. Rainer Härig

Inhalt

Im Alter und bei guten Wachstumsbedingungen können sich Rhododendron zu prächtigen Großsträuchern entwickeln.

Rechte Seite oben: *R. caucasicum* bildet am Naturstandort in Kleinasien dichte, reichblühende Bestände.

Die Welt der Rhododendron und Azaleen

Heimat und Verbreitung

Von den rund 1.000 Rhododendronarten finden wir die größte Zahl auf der nördlichen Erdhalbkugel, wobei Mittel- und Westchina den größten Artenreichtum aufweisen. Größere Vorkommen sind im Himalayagebirge, im chinesischen Küstengebiet, in Nordostasien, Japan und Korea, im malaiischen Archipel, in Europa und Nordamerika bekannt.

Diese Gebiete liegen überwiegend in gemäßigten bis kühlen Klimaten, daher ist es überraschend, einige Arten über den Äquator hinaus, von Neuguinea bis Nordaustralien, anzutreffen. Sie sind bei uns leider nicht winterhart, wurden aber von den Züchtern wegen ihrer Blütengrößen und leuchtenden Blütenfarben mit verschiedenen winterharten Arten gekreuzt.

Rechte Seite unten: *R. smirnowii* ist im nordöstlichen Kleinasien beheimatet und wächst dort in Höhen von 500 bis 2300 m an Felshängen und in lichten Buchen- und Kiefernwäldern. Im Garten verträgt sie recht gut sonnige Lagen.

Wachstumsbedingungen am natürlichen Standort

Die meisten Wildarten wachsen in den Bergregionen oberhalb von 1.000 m und sind in den Gebirgen bis über 5.000 m Höhe zu finden. Sie bevorzugen gemäßigte Klimate, d.h. nicht zu kalte Winter. Mäßig warme bis kühle Sommer und regelmäßige Niederschläge in Verbindung mit hoher Luftfeuchtigkeit sind charakteristisch für diese Standorte.

Für uns, die wir Jahresniederschläge von 500 bis 1.000 mm (1 mm entspricht 1 l pro m^2) kennen, sind die jährlichen Niederschlagsmengen von 2.000 bis 5.000 l pro m^2 an vielen Rhododendronstandorten kaum vorstellbar.

In den Hochgebirgen oberhalb der Waldgrenzen sind mehr Arten anzutreffen als in tiefer gelegenen Regionen. Besonders großblättrige und stärkerwüchsige Rhododendron wachsen in Höhen bis zu 3.000 m in Eichen- und Kiefernwäldern, wo die Bäume für lichten Schatten sorgen. Oberhalb der alpinen Regionen, über 4.000 m Höhe, bilden Rhododendron flache Teppiche und Polster. Hier weisen sie nur noch kleine Blätter, die der vollen Sonne und dem rauhen Klima ausgesetzt sind, sowie Zwergenwuchs auf.

Vorkommen in küstennahen Gebieten wachsen bei besonders hoher Luftfeuchtigkeit und regelmäßigen Niederschlägen.

Die Böden der natürlichen Standorte sind mineralischen oder vulkanischen Ursprungs, oft steinhaltig und stets wasserdurchlässig. Über ihnen haben sich zum Teil beträchtliche, von der Reaktion her saure Rohhumusauflagen gebildet. Aus diesem Rohhumus, der nur langsam von Mikroorganismen abgebaut wird, entnehmen die Rhododendron mit ihrem dichten Wurzelwerk die für das Wachstum benötigten Nährstoffe.

In den Bergregionen des Malaiischen Archipels, hier sind rund 25% der bekannten Arten beheimatet, wachsen viele Rhododendron in Humusnestern auf Bäumen und Sträuchern, dort wo sich Ansammlungen von Laub und Humus gebildet haben und langsam vermodern. Hohe Luftfeuchtigkeit und regelmäßige Niederschläge prägen die Wachstumsbedingungen bei gleichbleibend hohen Temperaturen. Die Temperatur ist also weniger ausschlaggebend für die Verbreitung der Rhododendronarten, vielmehr sind es Luftfeuchtigkeit und Niederschlagsmengen.

Wie sich Rhododendron und Azaleen unterscheiden

Rhododendron gehören zu der Familie der Heidekrautgewächse (Ericaceae), die mit etwa 60 Gattungen recht umfangreich ist. In der Gattung *Rhododendron* werden aufgrund gemeinsamer Merkmale rund 1.000 Rhododendronarten, auch Wildarten genannt, zusammengefaßt. Noch immer werden neue, bisher unbekannte Arten entdeckt und beschrieben. Unterscheidungsmerkmale bei den Arten sind neben der Gestalt, den Blättern und Blüten speziell die Behaarung an Blättern und Blüten. Einige Arten weisen blattunterseits einen Haarfilz oder Schuppen (der Botaniker spricht von Indumentum) auf. Beschuppte Arten sind überwiegend kleinblütig und schwachwüchsig während die unbeschuppten Arten zumeist großblütig sind.

Rhododendron sind immergrüne oder laubabwerfende Gehölze. Die Blätter stehen meistens an den Zweigenden gehäuft, die Blüten überwiegend am Ende der vorjährigen Triebe. Hier sind sie einzeln oder zu mehreren in lockeren oder festen, meist aufrechten Dolden oder Doldentrauben angeordnet, die auch als Blütenstutz bezeichnet werden. Da die Blütenblätter an den Enden zusammengewachsen sind, können sie röhren-, trichter-, glocken- oder radförmig gebaute Einzelblüten bilden. Neben Sorten mit einfachen Blüten gibt es auch Sorten mit halbgefüllten, gefüllten und sogenannte hose in hose-Blüten. Bei letzteren haben Kelch- und Kronblätter die gleiche Form und Farbe und erwecken daher den Eindruck als seien zwei Blütenkronen ineinandergesteckt (engl. hose in hose = »Strumpf in Strumpf«).

Die aus dem Griechischen stammende Bezeichnung Rhododendron setzt sich zusammen aus rhodo = Rose und den-

Azaleen, die botanisch zur Gattung der *Rhododendron* gehören, werfen im Herbst ihr Laub ab. Nur die Japanischen Azaleen behalten einen Teil ihres Laubes und sind halbimmergrün.

dron = Baum (rhododendron = Rosenbaum). Die alten Griechen kannten aber keine Rhododendron, sie bezeichneten den Oleander als Rosenbaum. Ähnlich verhält es sich mit der Bezeichnung Azaleen. Azaleos heißt übersetzt trocken, dürr. Fälschlicherweise vermutete der berühmte Botaniker Linné, daß Azaleen nur an trockenen und wasserarmen Standorten wachsen würden. Linné unterschied zwischen Rhododendron, die in ihren Blüten 10 Staubblätter besitzen und den Azaleen mit 5 Staubblättern. Seit etwa 100 Jahren existiert die ehemals eigenständige Gattung *Azalea* nicht mehr. Die Azaleen zählen heute zur Gattung *Rhododendron*.

Bei Gärtnern und Pflanzenfreunden haben sich beide Gattungsbegriffe aber so eingebürgert und erhalten, so daß sie nach wie vor die Basis für eine einwandfreie Verständigung bilden: Als Rhododendron wird ein groß- oder kleinblättriger Strauch bezeichnet, der immergrün ist und entsprechend ganzjährig sein Laub behält. Azaleen hingegen sind sommergrüne (laubabwerfende) oder halbimmergrüne Sträucher (auch als wintergrün bezeichnet, da sie im Herbst nur einen Teil des Laubes verlieren). So werfen z.B. die Knap Hill-Azaleen im Herbst ihr Laub vollständig ab (sie sind sommergrün), während die Japanischen Azaleen je nach ihrer Abstammung einen mehr oder

Blattgrößen und Formen können in der Gattung Rhododendron sehr unterschiedlich sein. 1 Großblumige Rhododendronhybride, 2 *R. yakushimanum*, 3 *R. williamsianum*.

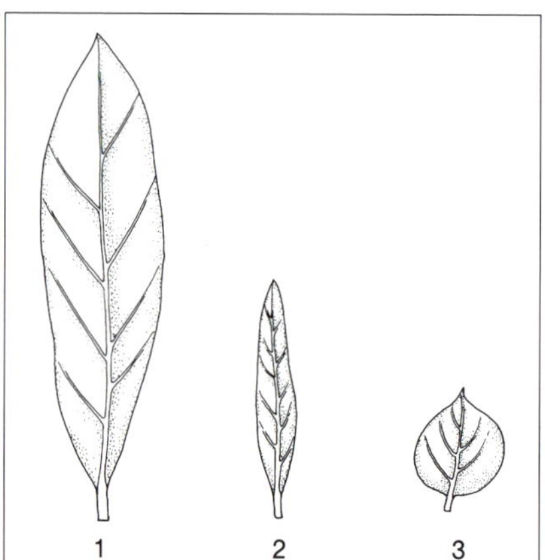

Azaleen haben in japanischen Gärten eine lange Tradition.

weniger großen Teil ihres Laubes über Winter behalten. Sie sind also halbimmergrün oder wintergrün. Diese Einteilung ist recht praktisch und verbreitet, sie wird daher auch in diesem Buch beibehalten.

Es gibt allerdings auch einige laubabwerfende Arten, die zu den *Rhododendron* gehören, wie z.B. *R. camtschaticum* (Seite 38) und *R. reticulatum* (Seite 53), die im Winter ihr Laub verlieren.

Geschichten und Geschichtliches

Bereits vor über 300 Jahren beschäftigten sich in Japan Gärtner mit der Gattung *Rhododendron*. In der Gartenkultur Chinas gehörten Azaleen zu den beliebtesten Pflanzen. Erste Berichte aus Japan stammen aus dem Jahr 1645, zum Ende des 17. Jahrhunderts werden bereits 450 Formen von *R.* × *obtusum* beschrieben. Auch in Europa fanden einheimische Arten früh Eingang in die Gärten. Es ist anzunehmen, daß die in den Alpenregionen wachsenden Arten *R. ferrugineum* und *R. hirsutum* bereits vor hunderten von Jahren in Kloster- und Bauerngärten als Schmuckpflanzen verwendet wurden und sich schon sehr lange in Gartenkultur befinden.

Einen Teil der heute bekannten Wildarten entdeckte man in der Mitte des 18. Jahrhunderts. So gelangte *R. maximum* bereits 1736 nach England und erste Rhododendron wurden um 1800 auf dem europäischen Festland von Gärtnern kultiviert und angeboten.

Erst mit der Einführung weiterer und für die Züchtung bedeutender Arten (*R. caucasicum* 1803, *R. catawbiense* 1809 und *R. arboreum* 1810) war ein erster Grundstein für die nun einsetzende Züchtungsarbeit gelegt. Laufend kamen neue Arten, insbesondere aus China, hinzu. Über England gelangten sie weiter in das übrige Europa. Expeditionen und Entdeckungsreisen führten zu ständigem

Nachschub. Zu verdanken ist dies botanisch interessierten Ärzten, Offizieren, Beamten, Geistlichen, Sammlern und Forschern.

Kalktolerante Rhododendron

Rhododendron lieben humusreiche saure Böden, deren pH-Wert meistens bei 4 bis 5 liegt (siehe auch Seite 60). Schwierigkeiten bereiten den Rhododendronliebhabern aber immer wieder lehmige oder tonhaltige Böden in Verbindung mit höheren pH-Werten. Einige Rhododendron (siehe Kasten) tolerieren höhere pH-Werte (um pH 6 oder etwas darüber). Wer also keine optimalen Bodenverhältnisse zur Verfügung hat, sollte diese bevorzugt auswählen.

Auch die Züchtung versuchte für dieses Problem eine Lösung zu finden. In der Bundesforschungsanstalt für Pflanzenzüchtung in Ahrensburg wurden dazu gezielt Kreuzungen durchgeführt. Diese Züchtungen sind international geschützt und dürfen nur von Baumschulen des Interessenverbandes kalktoleranter Rhododendron »INKARHO« vermehrt und verwendet werden. Man benutzt sie heute überwiegend als Veredlungsunterlagen. Darauf veredelte Rhododendronsorten sind weitgehend kalktolerant und entwickeln ein besonders starkes Wurzelwerk auch bei pH-Werten um pH 7. Sie wachsen also in einem weiten Bereich von pH 4 bis pH 7 etwa gleich gut.

Bei dichter gelagerten Ton- und Lehmböden mit pH-Werten zwischen 5,5 und 7 sollte allerdings eine Auflockerung mit z.B. Rindenhumus oder geschredderten Gartenabfällen vorgenommen werden, um den Humusgehalt zu erhöhen und den Lufthaushalt zu verbessern. Dies garantiert ein sicheres Anwachsen.

Nach fast 20jähriger Forschungs- und Züchtungsarbeit wurden im Herbst 1997 erste Veredlungen dieser als Weltneuheit bezeichneten Rhododendron in den Handel gegeben. Sie sind an ihren diebstahlsicheren Lizenzetiketten zu erkennen und haben wegen der langen und aufwendigen Züchtungsarbeiten einen höheren Preis. Damit können nun aber Rhododendron auch in solchen Gärten gedeihen, wo dies sonst nur mit großer Mühe und umfangreichen Vorbereitungen möglich war. INKARHO-Rhododendron garantieren Robustheit, reichhaltigen Knospenansatz, üppigen Blütenflor und langjährige Freude.

Yakushimanum-Hybriden gehören zu den Rhododendron, die auch etwas höhere Kalkgehalte tolerieren.

Zur Auswahl der Arten und Sorten in diesem Buch

Eine Auswahl schöner Arten und Sorten fällt bei der großen Vielfalt der Rhododendron und Azaleen nicht leicht – besteht das Sortiment doch aus rund 1.000 Wildarten und inzwischen fast 15.000 registrierten Sorten (Hybriden).

Aus dem großen Sortiment werden nur solche vorgestellt, die zu den schönen und wertvollen zählen. Es sind erprobte Arten und Sorten für die verschiedensten Verwendungsbereiche enthalten, aber auch aktuelle Neuheiten der

Rhododendron, die höhere pH-Werte tolerieren
'Blue Peter'
'Cunningham's White'
'Inamorata'
'Lady Annette de Trafford'
'Lavendula'
'Praecox'
Williamsianum-Hybriden
Yakushimanum-Hybriden
R. hirsutum

letzten Jahre, bei denen positive Erfahrungen vorliegen. Die Beschreibungen basieren zu einem erheblichen Teil auf Daten, die in der Lehr- und Versuchsanstalt für Gartenbau in Bad Zwischenahn von Herrn Walter Schmalscheidt ermittelt wurden. Eingeflossen sind neben eigenen Beobachtungen Erfahrungen aus der Praxis.

Bei den Angaben der Blütezeiten ist zu beachten, daß diese in Abhängigkeit des Standortes und des Temperaturverlaufes im Frühjahr um 7 bis 14 Tage differieren können. Als niedrigwachsende Sorten werden solche bezeichnet, die im Alter maximal 120 cm hoch werden. Mittelhohe erreichen Wuchshöhen von 120 bis 200 cm und hohe von über 200 cm.

Für den Gartenwert einer Art oder Sorte ist in unseren Klimaten die Frosthärte ein ganz entscheidendes Kriterium. Pflanzen, die lediglich Temperaturen bis −15 °C tolerieren, weisen eine geringe Frosthärte auf, während Arten und Sorten, die mehr als −24 °C ohne Schaden vertragen, hinsichtlich der Frosthärte als sehr gut eingestuft werden. Es ist zu bedenken, daß neben den absoluten Temperaturen noch andere Faktoren die Winterstabilität der Pflanzen beeinflussen. Zu nennen sind hier u.a. der Ernährungszustand, die frühzeitige Ausreife der Triebe, die Bodenfeuchtigkeit und der Temperaturverlauf. Tiefe Temperaturen im Januar werden besser vertragen als die gleichen Temperaturen im März, wenn die Pflanzen sich nicht mehr in der Winterruhe befinden.

Sorten und Arten von besonders reizvoller oder auffallender Schönheit, die durchaus weniger frosthart oder etwas aufwendiger in der Pflege sein können, wurden hier ebenfalls berücksichtigt. In den Beschreibungen sind dann spezielle Hinweise zu den Wachstumsbedingungen oder zu notwendigen Schutzmaßnahmen im Winter enthalten.

Die Einteilung der Rhododendron in Gruppen

Die Rhododendron werden in Gruppen unterteilt. Innerhalb der Gruppen weisen die Arten und Sorten oft sehr ähnliche Eigenschaften und Merkmale auf. Bewährt hat sich die in der Übersicht dargestellte Einteilung. Bei den Porträttexten zu den Sorten und Arten wird diese Gliederung übernommen. Innerhalb dieser Gruppen sind die Arten bzw. Sorten in alphabetischer Reihenfolge geordnet. Zu Anfang der Sorten- bzw. Artenportraits steht immer eine Beschreibung der jeweiligen Gruppe.

Gruppen der Rhododendron und Azaleen

Immergrüne Rhododendron
Großblumige Hybriden
Williamsianum-Hybriden
Repens Hybriden
Yakushimanum-Hybriden
Kleinblumige Hybriden
Rhododendron-Wildarten

Sommergrüne Azaleen
Knap Hill-Azaleen
Mollis-Hybriden
Genter-Hybriden
Rustica-Hybriden
Occidentalis-Hybriden
Azaleen-Wildarten

Wintergrüne (Halbimmergrüne) Azaleen
Japanische Azaleen

Die Immergrünen Rhododendron

Großblumige Hybriden

An der Entstehung dieser größten und bedeutendsten Rhododendrongruppe waren eine ganze Reihe von Wildarten, vorwiegend aus Nordamerika und Asien, beteiligt. Besonders hervorzuheben ist *R. catawbiense* (Wildart aus dem östlichen Nordamerika), dessen »Blut« in vielen Gartenhybriden fließt. Winterhärte, Anspruchslosigkeit, dichter Wuchs, geschlossener Blütenstand und das gesunde Laub sind auf diese Art zurückzuführen.

R. arboreum (Kaschmir, Bhutan), eine frostempfindliche Art, sorgte für die rote Blütenfarbe vieler Züchtungen, während *R. wardii* (Tibet, China) die gelbe Blütenfarbe der modernen Hybriden mitbrachte. Von *R. caucasicum* (Kaukasus) stammen die Eigenschaften kompakter Wuchs, was die Hybriden besonders für kleinere Gärten geeignet macht, frühe Blütezeit und häufig zarte Blütenfarben. Kreuzungen mit *R. insigne* bringen oft Nachkommen mit sehr schönem Laub bei dichtbuschigem Wuchs, von *R. discolor* wurde die späte Blütezeit und die sehr großen Einzelblüten vererbt.

Die Züchtungsarbeit setzte bei diesen Rhododendron zum Teil bereits zwischen 1820 und 1830 in England ein. Heute noch aktuelle Sorten entstanden so bereits im 19. Jahrhundert.

Stärkerwüchsige Sorten haben einen jährlichen Zuwachs von rund 20 cm. Im Alter von 15 bis 20 Jahren erreichen sie Wuchshöhen von etwa 2,5 m, später von 2,5 bis 3,0 m. Ihre Blätter sind größer, als bei den anderen Hybriden und auch ihre Blütenstutze, die oft aus über 20 großen Einzelblüten bestehen.

Die Palette der Blütenfarben ist recht umfangreich: weiße, rosa, orange, rote, gelbe und violette Farbtöne sind in dieser Gruppe vorhanden. Die Blütezeit erstreckt sich je nach Sorte von März bis Juli. Als Einzelpflanzen oder in Gruppen wachsen sie in Gärten, Parks oder größeren Anlagen. Zur Blütezeit ziehen sie alle Blicke auf sich, ihre Blütenfülle ist so groß, daß sie ganze Gartenbereiche dominieren und andere Pflanzen in den Hintergrund treten lassen. Einige Sorten sind besonders gut für Abpflanzungen zum Sichtschutz, für freiwachsende oder streng geschnittene Hecken geeignet. Großblumige Rhododendronhybriden bilden das Gerüst und den Hintergrund zahlreicher Gartensituationen.

'A. Bedford'

syn. 'Arthur Bedford'
Grundfarbe: Lavendelblau
Gruppe: Großblumige Hybride
Eltern: *R. ponticum* × Sämling

Von Ende Mai bis Mitte Juni entfaltet 'A. Bedford' ihre bis zu 9 cm großen Einzelblüten in lavendelblauer Farbe. Auffallend ist ein kräftig schwarzroter Fleck auf dem oberen Blütenblatt. Jeweils 9 bis 16 Einzelblüten formen einen sehr schönen geschlossenen Blütenstutz, der zart duftet. Wegen dieser ungewöhnlichen Eigenschaften wurde diese bereits vor 1935 in England gezüchtete Sorte 1958 mit der höchsten Auszeichnung, dem »First Class Certificate« (F.C.C.) durch eine Kommission von Fachleuten in England bedacht. Ihr Wuchs ist straff aufrecht, im Alter werden Höhen von 4 bis 5 m erreicht. Der Wuchsstärke entspre-

Prächtig entwickeltes Exemplar einer Catawbiense-Hybride.

chen recht große, intensivdunkelgrün gefärbte, glänzende Blätter. In Einzelstellung oder Gruppen, in Parks und größeren Gärten, hier im hinteren Bereich angeordnet, entfaltet sie ihre ganze Schönheit. Geeignet ist sie auch zur Blühterminverfrühung durch Antreiben.

'Album Novum'

Grundfarbe: Weiß
Gruppe: Großblumige Hybride
Eltern: Catawbiense-Hybride

Zu den besonders robusten und winterharten Sorten zählt 'Album Novum', deren Entstehungsjahr unbekannt ist; sicher ist lediglich, daß es sich um eine belgische Züchtung handelt. Die Blüten sind weiß, mit zartlila Tönung und gelbgrünlicher Zeichnung. Jeweils 12 bis 15 Einzelblüten, deren Durchmesser 5 bis 7 cm beträgt, bilden einen runden, kompakten Blütenstand. Der Blütezeitraum erstreckt sich von der letzten Maiwoche bis ins erste Junidrittel. Einen schönen Kontrast zur Blütenfarbe bilden die dunkelgrünen bis 13 cm langen Blätter. Der Wuchshabitus ist aufrecht und geschlossen. Im Alter werden Höhen von 3 bis 4 m erreicht. Als Solitärpflanzen oder in Gruppen stehen sie in Parks und großen Gärten und bilden den Hintergrund für schwächerwüchsige Rhododendron.

'Alfred'

Grundfarbe: Lila
Gruppe: Großblumige Hybride
Eltern: 'Everestianum' × 'Everestianum'

Diese von dem deutschen Züchter T.J.R. Seidel 1899 herausgebrachte Hybride ist trotz ihres Alters heute noch aktuell und gehört somit in jeden Rhododendrongarten. Schon junge Pflanzen setzen Jahr für Jahr bereitwillig Blütenknospen an. Diese Sorte zählt daher zu den besonders reichblühenden und verläßlichen. Die lila gefärbten Blüten enthalten im Inneren eine grüngelbe Zeichnung auf hellem Grund, der Blütensaum ist leicht gekräuselt und wirkt sehr apart. Die schön geformten Blütenstutze setzen sich aus 12 bis 15 Einzelblüten von 4 bis 6 cm Größe zusammen. Sie öffnen in der letzten Maiwoche bis zum ersten Junidrittel ihre Blüten. 'Alfred' gehört mit einem Jahreszuwachs von 10 bis 15 cm zu den schwächer wachsenden Hybriden und wird kaum über 1,5 m hoch, dafür aber breiter, nämlich bis zu 2,5 m. Der Habitus ist also breit gedrungen. Diese Sorte ist gut winterhart und wird gerne im vorderen Bereich von Anpflanzungen, in Einzelstellung oder in Gruppen, verwendet. Geeignet ist sie auch für kleinere Gärten und zur Blühverfrühung (Treiberei).

'Berliner Liebe'

syn. 'Cleopatra'
Grundfarbe: Rot
Gruppe: Großblumige Hybride
Eltern: 'El Alamein' × *R. insigne*

24 Jahre nach ihrer Entstehung in der Baumschule Bruns, Bad Zwischenahn, wurde diese Sorte anläßlich der Bundesgartenschau 1985 in Berlin getauft. Hier erhielt sie wegen ihrer Vorzüge auf Anhieb eine Goldmedaille. Die Blüte ist leuchtendrot mit dunkelroter Zeichnung. Der schön geformte Blütenstand enthält 14 bis 22 Einzelblüten mit einem Durchmesser von jeweils 5 bis 7 cm. Freundlich wirkt der gewellte Blütensaum. Mit der Hauptblüte ist zwischen Mitte bis Ende Mai zu rechnen. Der jährliche Zuwachs beträgt rund 10 cm, die Wuchshöhe bis 1,5 m bei 2,5 m Breite. Entsprechend ist der Habitus breit aufrecht und dicht geschlossen. Von der Wildart *R. insigne* stammt das dekorative glänzend dunkelgrüne, leicht gewölbte Laub. Als mittelstarker Wachser ist 'Berliner Liebe' außer für größere Pflanzungen besonders auch für kleinere Gärten geeignet.

'Bernstein'

Grundfarbe: Gelb
Gruppe: Großblumige Hybride
Eltern: 'Goldsworth Orange' × 'Mrs. J. G. Millais'

'Bernstein' ist eine Hybride für Rhododendronliebhaber, die das »Besondere« suchen. Aufregend und faszinierend sind die gelblich-orange gefärbten Blüten, die wirklich an Bernstein erinnern, während der Blütensaum blaßrosa gefärbt ist. Das obere Blütenblatt weist eine auffallend rotbraune Zeichnung auf. Um Mitte Mai entfalten sich die 5 bis 7 cm großen Einzelblüten, die zu 10 bis 14 einen etwas lockeren, aber hochgebauten Stutz bilden. Mit dieser »Komposition« gelang H. Hachmann 1965 ein besonderer Zuchterfolg, der 1978 dem Handel zur Verfügung gestellt wurde. Der Wuchs ist zunächst aufrecht, später dann breitrund. 10jährige Pflanzen erreichen Höhen um 1 m und Breiten von 1,5 m. Die mittelgrünen 5 bis 12 cm langen Blätter sind stachelspitzig. Der einmalig schönen Blütenfarbe entsprechend sollte dieser Sorte ein besonderer Platz im Garten oder Park eingeräumt werden.

'Blue Peter'

Grundfarbe: Blau
Gruppe: Großblumige Hybride
Eltern: Ponticum-Hybride

Bei dieser vor 1933 in England entstandenen Sorte handelt es sich um eine mehrfach preisgekrönte Hybride. Neben dem bereits erwähnten Wertzeugnis (F.C.C.) erhielt sie das »Award of Garden Merit« (A.G.M.), eine Auszeichnung für Pflanzen, die nach langer Beobachtung ihre hervorragenden Eigenschaften bewiesen haben. Die Blütenfarbe von 'Blue Peter' ist ein helles Lavendelblau, mit auffallendem kräftigem schwarzrotem Fleck auf dem oberen Blütenabschnitt und hübsch gekräuseltem Blütensaum. Von Mitte Mai bis Anfang Juni öffnen sich die kompakten Blütenstutze, die 9 bis 15 Einzelblüten von 5 bis 6 cm Durchmesser enthalten. Der Wuchs ist etwas locker, mehr breit als hoch. Bei einem Jahreszuwachs von rund 10 cm werden im Alter maximale Höhen von 1,5 bis 2,0 m erreicht. Die 10 bis 15 cm langen mittel- bis dunkelgrünen Blätter weisen eine schöne Textur auf. Wegen der guten Winterhärte und der ausdrucksvollen Blüte ist 'Blue Peter' in Einzelstellung als Vorpflanzung, aber auch für Gruppenpflanzungen in Gärten und Parks zu empfehlen. Geeignet ist die Sorte auch für Treibzwecke.

'Catawbiense Grandiflorum' ist die meistverbreitete lilablühende Sorte.

'Catawbiense Boursault'

Grundfarbe: Lila
Gruppe: Großblumige Hybride
Eltern: Catawbiense-Hybride oder eine Selektion der Wildart

Weder das Jahr ihrer Entstehung noch ihre Eltern sind bekannt. Sicher ist aber, daß diese alte, vor 1850 entstandene Sorte aus Frankreich stammt und sich bis heute durch die gute Winterhärte bewährt hat. Ihre intensiv lila gefärbten, mit einer leichten gelbgrünen Zeichnung versehenen Blüten öffnen sich im Mai/Juni. Der Blütenstutz ist normal groß und enthält jeweils 15 bis 20 Einzelblüten mit einem Durchmesser von etwa 6,5 cm. Diese Hybride gehört zu den stärker wachsenden Sorten mit einem jährlichen Zuwachs von 15 bis 20 cm. Sie wird im Alter 2,5 bis 3 m hoch bei gleicher Breite und ist auch dann noch voll bis unten belaubt. Auch weniger günstige Standorte behagen ihr noch. Pflanzen, die mit der Zeit zu groß geworden sind, können bis ins alte Holz zurückgeschnitten werden, sie haben eine enorme Regenerationsfähigkeit. 'Catawbiense Boursault' bildet in größeren Rhododendronpflanzungen oft das hintere Grundgerüst, in Parkanlagen dient sie besonders für die Abpflanzung größerer Gartenräume. Erwähnenswert ist noch, daß sie auch für die Treiberei geeignet ist.

'Catawbiense Grandiflorum'

Grundfarbe: Lila
Gruppe: Großblumige Hybride
Eltern: *R. catawbiense* × unbekannt oder Auslese aus *R. catawbiense*

Diese aus England stammende Hybride ist wohl die meistverbreitete lilablütige Sorte. Überall ist sie im Oldenburger Land zu sehen. Vor Bauernhäusern in Einzelstellung, als Hecke oder zur Einfassung von Wegen. Dies ist darauf zurückzuführen, daß sie recht genügsam und robust ist und auch weniger geeignete Standorte toleriert. Mit Industrieansiedlungen und deren Emissionen kommt sie ebenfalls gut zurecht. Von Ende Mai bis Mitte Juni entfalten sich die kräftig lila gefärbten Blüten, die eine

'Catharine van Tol' ist eine bewährte, gut winterharte Sorte.

gelbrote Zeichnung sowie einen gewellten Saum aufweisen. Der kompakte Stutz besteht aus jeweils 12 bis 16 5 bis 7,5 cm großen Einzelblüten. Diese Hybride gehört zu den stark wachsenden Sorten, der Jahreszuwachs beträgt 15 bis 20 cm, sie erreicht im Alter um 5 m Höhe bei 4 m Breite. Auch dann ist sie noch bis unten geschlossen und voll belaubt. Das ermöglicht die Verwendung als Solitärpflanze, aber auch als Gerüstpflanze. Scharfer Rückschnitt ist durchaus möglich.

'Catharine van Tol'

syn. 'Katherine van Tol', 'Catherine van Tol'
Grundfarbe: Rosa
Gruppe: Großblumige Hybride
Eltern: unbekannt

Bereits vor 1913 entstanden, ist 'Catharine van Tol' nach wie vor eine bewährte, gut winterharte Sorte, die in das Standardsortiment eines Rhododendronliebhabers gehört. Das Reinrosa der Blütenfarbe mit gelbgrüner Zeichnung auf hellem Grund wirkt harmonisch. Die Einzelblüte hat einen Durchmesser von 5 bis 7 cm; jeweils 16 bis 20 von ihnen bilden einen kompakten runden Blütenstand, der sich von der letzten Maiwoche bis zum ersten Junidrittel öffnet. Sie ist ein mittelstarker Wachser und erreicht 2 bis 3 m Höhe bei einem jährlichen Zuwachs von etwa 15 cm. Dabei bleibt sie breit und gedrungen. Geeignet ist sie für Bereiche, die mittelhohe Pflanzen erfordern. Charakteristisch sind die matt graugrün gefärbten Blätter.

'Cunningham's White'

syn. 'Coelestinum' bzw. 'Cunninghami White'
Grundfarbe: Weiß
Gruppe: Großblumige Hybride
Eltern: *R. caucasicum* × *R. ponticum* var. *album*

Es ist unglaublich, welche Bedeutung diese bereits um 1830 in Schottland gezüchtete Hybride noch in unserer heutigen Zeit hat. Sie ist leicht durch Stecklinge vermehrbar und wird in den Baumschulen als Unterlage für Veredlungen benutzt. Sie blüht bereits ab der ersten Maiwoche in Weiß mit zartem rosa Anflug. Im Inneren befindet sich eine hellgelbe oder gelbbraune Zeichnung. Der etwas lockere Blütenstutz wird aus 5 bis 17 Einzelblüten mit einem Durchmesser von 4 bis 6 cm gebildet. Auch im Alter, sie wächst breit aufrecht, mit einem Jahreszuwachs von 15 bis 20 cm, ist sie noch voll belaubt. Höhen von 4 m bei fast 5 m Breite werden durchaus erreicht. Schlechtere Bodenverhältnisse sowie auch höhere pH-Werte toleriert sie ohne Probleme. 'Cunningham's White' besitzt eine hervorragende Regenerationsfähigkeit. Regelmäßiger Rückschnitt ist bei ihr, falls sie als Hecke gepflanzt wird, möglich. Oft bildet sie als Gerüstpflanze den hinteren Bereich größerer Anpflanzungen. Häufig sind bereits im Herbst einige Blüten geöffnet, die dann aber frostgefährdet sind.

'Dr. H. C. Dresselhuys'

Grundfarbe: Rot
Gruppe: Großblumige Hybride
Eltern: 'Atrosanguineum' × 'Doncaster'

Diese großblumige robuste Hybride gehört zu den altbewährten, langjährig erprobten winterharten Sorten des Standardsortimentes. Sie entstand 1920 in Holland und ist wegen ihrer guten Winterhärte sehr bekannt und weit verbreitet. Die mäßig großen purpurroten Blüten mit einem Durchmesser von 4,5 bis 6,0 cm tragen eine bräunliche Zeichnung. Die kompakten Stutze enthalten 14 bis 18 Einzelblüten, welche in der letzten Maiwoche erscheinen. Der Habitus ist aufrecht; bei einem Jahreszuwachs von 10 bis 15 cm erreichen ältere Pflanzen eine Höhe von 2 bis 3 m bei deutlich geringerer Breite. Die bis 13,5 cm langen steifen Blätter sind dunkelgrün. Besonders vorteilhaft kommen die Pflanzen bei Einzelstellung oder in Gruppen zu mehreren zur Geltung, sei es in Parks, öffentlichen Anlagen oder in größeren Gärten.

'Ehrengold'

syn. 'Astrocalyx-Hybride gelb', 'Ehrengold Klon II'
Grundfarbe: Gelb
Gruppe: Großblumige Hybride
Eltern: *R. astrocalyx* × (Hummelhybride)

Nur ein Elternteil ist von 'Ehrengold' bekannt; an der Entstehung waren wahrscheinlich Hummeln beteiligt, deshalb die Bezeichnung Hummelhybride. Die um 1950 im Betrieb D. Hobbie entstandene Züchtung erhielt 1982 ihren Namen. Es ist eine ausgesprochen hübsche Liebhabersorte, die sehr zu empfehlen ist. Die im Aufblühen rötlich aprikosenfarbenen Knospen verwandeln sich voll entfaltet zu hellgelben Blüten mit sehr schwacher bräunlicher Zeichnung. Die breitrunden ziemlich kompakten Blütenstände, die sich ab der dritten Maiwoche öffnen, enthalten jeweils 10 bis 15 Einzelblüten von 5 bis 6 cm Größe. Der Habitus ist breit aufrecht und kompakt; bei einem Jahreszuwachs von 10 bis 15 cm wird im Alter eine Höhe bis zu 2,5 m erreicht. Die Blätter sind kräftig grün und stachelspitzig. Besonders schön wirkt diese hellgelbe Hybride vor einem dunklen Hintergrund.

'Ehrengold' ist eine ausgesprochen hübsche Liebhabersorte. Die im Aufblühen rötlich aprikosenfarbenen Knospen entwikkeln sich zu hellgelben Blüten.

'English Roseum'

Grundfarbe: Rosa
Gruppe: Großblumige Hybride
Eltern: unbekannt, dem Aussehen nach eine Catawbiense-Hybride

'English Roseum' zählt zu den altbewährten Sorten und ist sehr weit verbreitet. Sie stammt aus England, ist außerordentlich winterhart und verträgt bis –30 °C. Besonders gut eignet sie sich für Heckenpflanzungen und Sichtschutzzwecke. Es ist ferner eine erprobte Treibsorte. Auch auf weniger guten Standorten kommt sie noch zurecht. Die 5 bis 6 cm großen Blüten sind rosa mit lila Tönung und schwacher rotbrauner oder gründgelber Zeichnung. 'English Roseum' gehört zu den Spätblühern, das heißt ihre Blütezeit beginnt gegen Ende Mai und dauert bis Mitte Juni. Im Alter erreicht diese aufrecht wachsende Hybride Höhen bis 3 m, wobei sie bis unten sehr schön geschlossen und vollbelaubt bleibt.

'Florence Sarah Smith'

syn. 'Florence Smith'
Grundfarbe: Rosa
Gruppe: Großblumige Hybride
Eltern: unbekannt, vermutlich eine Catawbiense-Hybride

Diese vor 1916 in England entstandene Sorte ist auch heute noch ohne Einschränkung zu empfehlen und zählt zu den gut winterharten Hybriden. Bereits junge Pflanzen setzen reichlich Knospen an, so daß ältere Pflanzen stets mit einer üppigen Blüte aufwarten. Die kräftig rosafarbenen mit einer schwachen rotbraunen bis grünbraunen Zeichnung versehenen Blüten öffnen sich ab der vierten Maiwoche. Jeweils 13 bis 21 Blüten von 4,5 bis 6 cm Durchmesser stehen in kompakten runden bis konischen Blütenständen beieinander. Diese Hybride erreicht ausgewachsen zwischen 1,5 bis 2 m Höhe und bildet geschlossene Pflanzen, die entschieden breiter als hoch sind.

'Furnivall's Daughter'

Grundfarbe: Rosa
Gruppe: Großblumige Hybride
Eltern: Sämling von 'Mrs. Furnival'

Für diese vor 1948 in England entstandene auffallend schöne Hybride sollte ein besonders exponierter, aber etwas geschützter Standort gewählt werden, möglichst im Vordergrund, damit sie richtig zur Geltung kommt. Etwa Mitte Mai erblüht sie in einem hellen Rosa mit einem auffallenden dunkelroten Fleck auf dem oberen Blütenblatt. Der kompakte, domförmige Blütenstand enthält 15 Blüten von 6 bis 8 cm Durchmesser. Die großen, bis 15 cm langen frischgrünen Blätter, deren Adern deutlich hervortreten, sind recht dekorativ. Als mittelstarker Wachser erreicht 'Furnivall's Daughter' bis 2 m Höhe bei 2,5 m Breite. Wegen der nur befriedigenden Winterhärte ist es ratsam, in kalten Wintern die Pflanzen zu schützen. Auch zur Treiberei eignet sich diese einmalig schöne Sorte.

Die Blüten der Sorte 'Germania' sind besonders leuchtkräftig.

‘Germania’

Grundfarbe: Rosa
Gruppe: Großblumige Hybride (geschützte Sorte)
Eltern: ‘Antoon von Welie’ × ‘Catharine van Tol’

Mit einem jährlichen Zuwachs von etwa 10 cm zählt ‘Germania’ zu den mittelstarkwüchsigen Hybriden. Sie erreicht im Alter zwischen 1,2 bis 2 m Höhe bei wesentlich größerer Breite. Auch diese Züchtung, die 1983 eingeführt wurde, stammt von Dietrich G. Hobbie. Die auffallend leuchtend rosa Blüten werden zum Zentrum hin heller und zeigen eine schwache rötlichbraune Zeichnung. Die recht großen kompakten Blütenstutze mit jeweils 12 bis 19 Blüten von 6 bis 9 cm Einzelblütendurchmesser öffnen sich von der dritten Mai- bis zur ersten Juniwoche und begeistern dann stets aufs Neue alle, welche diese schöne leuchtkräftige Sorte zur Blütezeit erleben. Bis −20 °C hält ‘Germania’ aus und kann somit in den meisten Gegenden Deutschlands gepflanzt werden.

‘Goldflimmer’

Grundfarbe: Lila
Gruppe: Großblumige Hybride
Eltern: Findling

Bei diesem gut winterharten Findling, der im Betrieb von D. Hobbie um 1955 entdeckt wurde, handelt es sich wahrscheinlich um eine Hybride mit *R. catawbiense-* oder *R. ponticum-*‘Blut’. Was diese Sorte besonders interessant macht, sind die auffallend gelbbunt marmorierten Blätter, die einen dekorativen Kontrast bilden zu den schlicht lila Blüten, die zwischen Ende Mai bis Mitte Juni erscheinen. Daher bringt diese Sorte auch außerhalb der Blütezeit der Rhododendron Abwechslung in den Garten, besonders in den tristen Wintermonaten. Ihr Wuchs ist breit aufrecht und dicht kompakt, ausgewachsen erreicht sie ungefähr 2 m Höhe.

‘Goldkrone’

Grundfarbe: Gelb
Gruppe: Großblumige Hybride (geschützte Sorte)
Eltern: (*R. wardii* × ‘Alice Street’) × (‘Omega’ × *R. wardii*)

‘Goldkrone’ ist zur Zeit wohl die beste und schönste gelbe Hachmann-Züchtung. Reingelb ist die Blütenfarbe mit einer aparten dunkelroten Zeichnung im Blüteninneren, die aus vielen kleinen Punkten besteht. Die Blüte erstreckt sich von der zweiten bis zur vierten Maiwoche. Der runde lockere Blütenstand setzt sich jeweils aus 9 bis 19 Einzelblüten von 5 bis 8 cm Durchmesser zusammen. ‘Goldkrone’ wächst kompakt, 10jährige Pflanzen erreichen Höhen von 0,6 m bei etwa 0,8 m Breite. Schon als junge Pflanze setzt sie regelmäßig viele Blütenknospen an. Von der Winterhärte her ist diese Sorte, die bis −20 °C hart ist, als befriedigend einzustufen.

‘Gomer Waterer’

Grundfarbe: Weiß
Gruppe: Großblumige Hybride
Eltern: *R. catawbiense* × unbekannt

Diese schon verhältnismäßig alte Züchtung entstand vor 1900 in England und hat seit dieser Zeit ihre guten Eigenschaften immer wieder bewiesen. Ihre 5 bis 7 cm großen Blüten sind weiß mit zartlila Tönung. Im Blüteninneren fällt eine gelbgrüne bis gelbbraune Zeichnung auf, die sich dezent von der weißen Grundfarbe abhebt. Ende Mai öffnet sie ihre aus 9 bis 19 Einzelblüten bestehenden kompakten runden Blütenstände. Bei einem Jahreszuwachs von etwa 15 cm erreicht sie im Alter bis etwa 2,5 m Höhe, ihr Wuchs ist breit aufrecht und geschlossen. Die bis zu 15 cm langen dunkelgrünen schwach glänzenden Blätter wirken sehr dekorativ und verleihen dieser Sorte das ganze Jahr über ein gutes Aussehen. Wegen ihrer neutralen Blütenfarbe läßt sie sich sehr gut in Gruppen verwenden.

'Hachmann's Feuerschein'

syn. 'Feuerschein' (geschützte Sorte)
Grundfarbe: Rot
Gruppe: Großblumige Hybride
Eltern: 'Nova Zembla' × 'Mars'

Bereits mit vielen Auszeichnungen bedacht wurde diese von H. Hachmann 1978 herausgegebene Hybride. Die leuchtend reinroten Blüten sind mit einer ganz schwachen bräunlichen Zeichnung versehen. Jeweils 7 bis 17 Einzelblüten bilden einen kompakten runden Blütenstand. 'Hachmann's Feuerschein' gehört zu den Spätblühern, das heißt, ihre Blütezeit erstreckt sich von Ende Mai bis etwa zum 20. Juni. Ihr Wuchs ist breitrund und kompakt, nach 15 Jahren erreicht diese Züchtung ungefähr 1,2 m Höhe bei 1,8 m Breite. In Bezug auf die Blütenfarbe stellt sie eine bedeutende Verbesserung gegenüber 'Nova Zembla' dar, der bisherigen Standardsorte in Rot.

Die Blüten der bewährten Sorte 'Humboldt' fallen durch einen charakteristischen schwarzroten Fleck auf.

'Humboldt'

Grundfarbe: Lila
Gruppe: Großblumige Hybride
Eltern: Catawbiense-Hybride

Noch immer zählt 'Humboldt', die wahrscheinlich 1906 bei T.J.R. Seidel entstanden ist, zu den bewährten, winterharten Hybriden. Mit der Blüte ist von Mitte Mai bis Mitte Juni zu rechnen. Dann öffnen sich die aus 16 bis 20 Blüten bestehenden runden, geschlossenen Stutze in lilarosa. Die 5 bis 8 cm großen Blüten fallen durch einen großen schwarzroten Fleck auf. Bei einem Jahreszuwachs um 10 cm erreicht diese Sorte Höhen bis 2,5 m. Die bis zu 15 cm langen dunkelgrünen charakteristischen Blätter weisen darauf hin, daß es sich um eine Catawbiense-Hybride handelt. Sie ist gut als Treibsorte geeignet. Verwendung findet sie in größeren Gärten und Parks möglichst vor hellerem Hintergrund oder freistehend.

'Jacksonii'

Grundfarbe: Weiß
Gruppe: Großblumige Hybride
Eltern: *R. caucasicum* × 'Nobleanum'

Wegen ihrer ausgesprochen frühen Blüte, vom letzten Aprildrittel bis Mitte Mai, wird 'Jacksonii' auch heute noch in den Baumschulen herangezogen. Diese schon sehr alte Sorte, die 1835 in England entstand, zeichnet sich durch eine befriedigende Winterhärte aus. Sie erblüht zunächst zart rosa und verblaßt voll aufgeblüht schnell zu weißlich rosa mit rosa Rippen auf der Blütenaußenseite und schwacher gelber Zeichnung. Die runden, ziemlich geschlossenen Blütenstände bestehen aus 7 bis 14 Blüten von 4 bis 5 cm Durchmesser. Der Saum ist gewellt. Mit einem jährlichen Zuwachs von 5 bis 10 cm erreicht sie in der Regel eine Höhe von etwa 1,5 m, bei sehr alten Pflanzen auch bis zu 2 m. Dabei bleibt sie stets kompakt und dicht geschlossen. Sehr schön wirkt 'Jacksonii' als niedrige

Hecke oder im Vordergrund von mittelhohen Bepflanzungen.

'James Burchett'

Grundfarbe: Weiß
Gruppe: Großblumige Hybride
Eltern: Discolor-Hybride

Besonders wegen ihrer späten Blütezeit, von Mitte Juni bis Anfang Juli, ist diese vor 1927 in England entstandene Hybride interessant. Sie wächst sehr kompakt, in die Breite gehend und erreicht im Alter um 2 m Breite. Ihre 4,5 bis 8 cm großen weißen Blüten sind im Aufblühen zunächst lilarosa getönt, um dann allmählich in Weiß überzugehen. Deutlich zu sehen ist im Blüteninneren eine gelbe Zeichnung, die auch gelbgrün oder gelbbraun sein kann. Die aus 6 bis 19 Blüten bestehenden Stutze besitzen einen angenehmen Duft. 'James Burchett' verfügt über eine gute Winterhärte und eignet sich wegen ihrer Endausmaße vor allem für größere Gartenräume.

'Lady Annette de Trafford'

Grundfarbe: Rosa
Gruppe: Großblumige Hybride
Eltern: Maximum-Hybride

Sie ist zwar schon vor 1871 in England entstanden, aber wegen ihrer ausgesprochen späten Blüte noch immer gefragt, zumal sie gut winterhart ist. Von der ersten bis zur vierten Juniwoche öffnen sich die bis 7 cm großen Blüten, die zu 16 bis 24 in wohlgeformten geschlossenen Blütenständen stehen. Hellrosa ist ihre Farbe, mit einer schwarzroten bis schwarzbraunen Zeichnung auf dem oberen Blütenblatt. Die zunächst lockeren, sparrigen Pflanzen haben später eine gut geschlossene breitrunde Wuchsform und erreichen bis 2,5 m Höhe. Für den mittelhohen Bereich von Pflanzungen, als Solitär oder in Gruppe gepflanzt, ist sie zu empfehlen. Als sehr kleine Pflanze ist sie leider noch nicht so blühwillig wie im Alter.

Oben: Die Sorte 'Jacksonii' wird besonders wegen ihrer ausgesprochen frühen Blüte geschätzt.

Unten 'Nova Zembla' ist eine der beliebtesten roten Sorten.

'Lee's Dark Purple'

Grundfarbe: Violett
Gruppe: Großblumige Hybride
Eltern: unbekannt, eine Catawbiense-Hybride

Fast 150 Jahre alt ist diese aus England stammende Hybride, die auch heute noch zum bewährten, winterharten Standardsortiment gehört. Bevorzugt wird sie als Gerüstpflanze oder Gliederungselement mittelhoher Pflanzungen verwendet, entweder als Einzelpflanze oder in Gruppen stehend. Mit einem jährlichen Zuwachs von 10 bis 15 cm erreicht sie Höhen bis 2,5 m bei etwas größerer Breite. Ende Mai bis Mitte Juni entfaltet sie ihre auffallend dunkelvioletten, bis 6,5 cm großen Blüten mit gelbbrauner oder gelbgrüner Zeichnung. Jeweils 9 bis 16 Blüten formen einen etwas lockeren

Stutz. Die bis zu 14 cm langen Blätter sind intensiv dunkelgrün gefärbt. Bei sonnigem Standort neigen die Blüten und der junge Austrieb zu schnellem Welken.

'Nova Zembla'

Grundfarbe: Rot
Gruppe: Großblumige Hybride
Eltern: unbekannte rote Hybride × 'Parsons Grandiflorum'

'Nova Zembla', die um 1920 in Holland in den Handel kam, ist heute die bekannteste winterharte Sorte in Rot und sehr weit verbreitet. Das spricht für ihren Wert. Leuchtend rot mit schwarzer Zeichnung sind die 4,5 bis 6,5 cm großen Blüten, die sich vom letzten Maidrittel bis zum ersten Junidrittel entfalten. Bis zu 21 Einzelblüten bilden einen kompakten Stutz. Mit einem Jahreszuwachs um 15 cm erreicht sie bis 2,5 m Höhe bei gleicher Breite. Sie zeichnet sich durch eine breitaufrechte Wuchsform und gesunde, tief dunkelgrüne Belaubung aus.

'Roseum Elegans'

Grundfarbe: Rosa
Gruppe: Großblumige Hybride
Eltern: Catawbiense-Hybride

Dort, wo in größeren Gartenanlagen ein blühender Sichtschutz erreicht bzw. ein Grundgerüst mit Rhododendron aufgebaut werden soll, ist 'Roseum Elegans' als bewährte robuste Sorte zu empfehlen. Denn bei einem Jahreszuwachs bis 20 cm erreicht sie in angemessener Zeit die gewünschte Höhe, die im Alter 3 bis 4 m betragen kann. Es ist eine vor 1851 in England entstandene Hybride, die von der letzten Maiwoche bis zur zweiten Juniwoche blüht. Ihre lilarosa Blüten zeigen im Inneren eine schwach rotbraune oder gelbgrüne Zeichnung. 12 bis 16 Blüten mit einem Durchmesser um 5,5 cm bilden einen lockeren Stutz. Auch im Alter sind die Pflanzen noch voll geschlossen und dicht beblättert. Daher kann sich diese Hybride auch an weniger günstigen Standorten in Einzelstellung zu imposanten Exemplaren entwickeln. 'Roseum Elegans' ist sehr gut winterhart und hält bis etwa −30 °C aus. Gerne wird sie auch als Treibsorte verwendet.

'Sappho'

Grundfarbe: Weiß
Gruppe: Großblumige Hybride
Eltern: unbekannt

'Sappho' ist bereits vor 1867 in England entstanden. Sehr auffällig ist ihre reinweiße Blüte, aus der ein schwarzpurpurner Fleck herausleuchtet. Die mittelgroßen Einzelblüten stehen zu ca. 15 in großen konischen Blütenständen zusammen. In der Zeit von Ende Mai bis Anfang Juni blüht sie. Ihr Wuchs ist aufrecht und locker; sowohl in der Jugend als auch im Alter wirkt sie dabei etwas sparrig. Daher sollte sie stets im Hintergrund von Rhododendronpflanzungen stehen, zumal sie dort durch ihre auffallende Blüte am besten zur Wirkung kommt. 'Sappho' ist befriedigend winterhart.

'Scintillation'

syn. 'NY Nr. 1'
Grundfarbe: Rosa
Gruppe: Großblumige Hybride
Eltern: Fortunei-Hybride

'Scintillation' besitzt eine phantastische Blühwirkung und ist jedem Rhododendronliebhaber unbedingt zu empfehlen. Sie stammt aus den USA, wo sie bereits vor 1943 entstanden ist. Ihre bis 7,5 cm großen Blüten sind hellrosa gefärbt, mit einer gelbgrünen Zeichnung im Inneren. 9 bis 13 Einzelblüten bilden einen kompakten runden Blütenstand, der sich ab Mitte Mai öffnet. Der Wuchs ist breit aufrecht und verhältnismäßig kompakt; bei einem jährlichen Zuwachs um 10 cm erreicht sie Höhen von 2 m. 'Scintillation' kann durchaus auch als Blattschmuckpflanze betrachtet werden. Ihre

Die hellrosa Blüten mit gelbgrüner Zeichnung der Sorte 'Scintillation' ergeben eine hervorragende Blühwirkung.

Blätter sind mit bis zu 15 cm auffallend lang, sie sind leicht gewölbt, glänzend und von kräftiger Struktur. Wegen ihrer Schönheit sollte 'Scintillation' ein bevorzugter, gut einsehbarer Bereich angeboten werden.

'Walter Schmalscheidt'

Grundfarbe: Gelb
Gruppe: Großblumige Hybride
Eltern: *(R. wardii × R. astrocalyx)* × 'Linsweger Gold'

Von H. Robenek, langjähriger Obergärtner des Züchters D. Hobbie, stammt diese schöne gelbe Hybride. Sie behält ihre intensive und klare satte reingelbe Farbe während der gesamten Blütezeit, die in der zweiten Maihälfte einsetzt und Anfang Juni endet. Die 5 bis 7 cm großen Blüten stehen zu 6 bis 12 in runden, lockeren Blütenständen zusammen. Um 1977/78 entstanden, kam sie erstmals 1993 in den Handel, ist also noch brandneu. Ihr Wuchs ist breit aufrecht und geschlossen. Im schönen Kontrast zur Blütenfarbe steht das tief dunkelgrüne leicht glänzende Laub.

'Viscy'

Grundfarbe: Gelb
Gruppe: Großblumige Hybride
Eltern: 'Diane' × *R. viscidifolium*

Auch bei dieser besonders hübschen Liebhabersorte besteht leider das Problem einer nur mäßigen Frosthärte. Sie verlangt in klimatisch weniger begünstigten Gebieten geschützte Standorte im Garten. Einmalig ist die Farbkomposition der 7 bis 11 cm großen Blüten. Sie blühen orangefarben auf und gehen dann in Kupfergelb über, wobei die Blütenaußenseite rosa getönt ist. Aus dem Blüteninneren leuchtet eine kräftige, dunkelrote Zeichnung. Blühbeginn ist in der zweiten Maiwoche, die Blüte hält relativ lange. 'Viscy' ist auch für die Treiberei geeignet. Sie wächst breit aufrecht und geschlossen und wird mittelhoch.

Williamsianum-Hybriden

Für Rhododendron aus dieser Gruppe wurde die aus China stammende Wildart *R. williamsianum* verwendet, ein willkommener Kreuzungspartner, um schwächerwüchsige Sorten zu schaffen.

Viele Sorten zeichnen sich durch einen dichten, bereits in der Jugend kugeligen Wuchs aus. Ihre Blätter sind rundoval und sehr dekorativ, die Blüten relativ groß und glockenförmig. Ihre Blütezeit ist früh bis mittelfrüh, die ersten Sorten blühen bereits Ende April, die letzten im zweiten Maidrittel. Der Austrieb einiger Sorten fällt durch seine mehr oder weniger ausgeprägte bronzene Färbung auf und ist sehr zierend. Leider sind die früh blühenden Sorten und der nachfolgende Austrieb in ungünstigen Lagen durch Spätfröste gefährdet und sollten daher an geschützten Standorten stehen oder in Frostnächten abgedeckt werden. Sie erreichen je nach Sorte im Alter Wuchshöhen von 1 bis 2 m, nur wenige werden auch größer.

Bei den Blütenfarben dominieren rosa Töne, es gibt aber auch Sorten mit roten, gelben oder weißen Blüten. Diese stehen in lockeren Stutzen zusammen. Die Einzelblüten haben oft einen langen Stiel, der sie etwas überhängen oder »nicken« läßt, was einen eleganten Eindruck macht.

Die Sorte 'August Lamken' kann ohne Einschränkung empfohlen werden.

Sorten dieser Gruppe benötigen für einen guten Knospenansatz ausreichend Licht, sie bevorzugen aber leichten Schatten, der sie vor der direkten Mittags- oder auch Wintersonne schützt. Einige von ihnen sind weniger robust und hart – geschützte Standorte sind für diese Sorten unbedingt erforderlich.

Die Züchtung mit *R. williamsianum* begann etwa ab 1920 in England, später auch in Holland und Deutschland. Hier hat sich ganz besonders D. Hobbie aus Linswege verdient gemacht, der nach 1945 für deutsche Verhältnisse ausreichend winterharte Sorten herausbrachte, die eine weite Verbreitung fanden. Auf Grund des mäßigen Wuchses sind sie für viele Verwendungszwecke geeignet: in kleinen Gärten, als Abstufung vor höheren Rhododendron oder anderen Gehölzgruppen, auf Rabatten oder wegen der üppigen Blüte auch in Gefäßen. Besonders schwachwüchsige Sorten werden gerne auf Friedhöfen verwendet.

'August Lamken'

Grundfarbe: Rosa
Gruppe: Williamsianum-Hybride
Eltern: 'Dr. V. H. Rutgers' × *R. williamsianum*

Ohne Einschränkung kann diese gut winterharte Sorte empfohlen werden. Um 1942 im Betrieb von D. Hobbie in Linswege (Ammerland) entstanden, erhielt sie nach langer Prüfzeit 1971 ihren Namen. Lieblich wirken die purpurrosa gefärbten Blüten mit dunkelroter Zeichnung und gewelltem Blütensaum. Jeweils 5 bis 9 Einzelblüten, die 5,5 bis 7,5 cm groß sind, bilden einen etwas lokkeren Blütenstutz. Die Hauptblüte liegt um Mitte Mai. Breit aufrecht ist der Habitus, der jährliche Zuwachs beträgt etwa 10 cm. So erreichen ältere Pflanzen 1,5 bis 2,0 m Höhe bei fast gleicher Breite. Ansprechend ist auch die schöne Belaubung. Die Blätter sind oval bis eiförmig, frischgrün gefärbt, der hellbronzefarbene Austrieb ist ein zusätzliches Plus. Verwendung findet 'August Lamken' in Einzelstellung oder Gruppen in Gärten und öffentlichen Anlagen.

'Gartendirektor Glocker'

Grundfarbe: Rosa
Gruppe: Williamsianum-Hybride
Eltern: 'Doncaster' × *R. williamsianum*

'Gartendirektor Glocker' gehört zu den bekannten und am weitesten verbreiteten Sorten dieser Gruppe. Sie stammt von D. Hobbie, der sie 1966 einführte. Ihre Blütezeit beginnt in der ersten und endet in der dritten Maiwoche. Die zunächst rosaroten mit einer dunkelroten Zeichnung versehenen Blüten werden bald heller und sind dann rosa. In lockeren, runden Blütenständen stehen 5 bis 6 cm große Blüten zu 5 bis 9 zusammen. 'Gartendirektor Glocker' besitzt eine breitrunde, kugelige Wuchsform, nach 10 Jahren erreicht sie etwa 0,7 m Höhe bei größerer Breite, ideale Maße insbesondere für kleinere Gärten, Vorgärten oder auch Gräber. Im Spätherbst und Winter fallen die rotgetönten Blatt- und Blütenknospen auf und bringen Farbe in den Garten. Sehr dekorativ ist auch der junge Austrieb in seiner bronzenen bis braunroten Farbe. Bis −20 °C ist diese schöne Sorte winterhart.

Oben: 'Gartendirektor Rieger' zeichnet sich durch große Einzelblüten und eine lange Blütezeit aus.

R. williamsianum **bildet lockere Blütenstände mit jeweils 3 bis 6 leicht überhängenden Blüten.**

'Gartendirektor Rieger'

Grundfarbe: Weiß
Gruppe: Williamsianum-Hybride
Eltern: 'Adriaan Koster' × *R. williamsianum*

Großblütigkeit, die Einzelblüten haben einen Durchmesser bis 10 cm, gute Winterhärte und eine verhältnismäßige lange Blütezeit sind die besonderen Eigenschaften, mit denen sich diese Sorte empfiehlt. Die cremefarbenen, bis 10 cm großen Blüten sind außen rosa getönt und haben eine kräftige dunkelrote Zeichnung auf den drei oberen Blütenblättern. 'Gartendirektor Rieger' besitzt eine breit aufrechte geschlossene Wuchsform und erreicht 2 m Höhe und mehr. Seit 1971 ist diese von D. Hobbie stammende Sorte im Handel erhältlich. Ein besonderer Pluspunkt ist ihre gute Treibfähigkeit. Wegen ihrer neutralen Blütenfarbe läßt sie sich ohne Probleme mit rosafarbenen oder roten Sorten kombinieren. Ende April/Anfang Mai blüht sie bereits.

'Jackwill'

Grundfarbe: Rosa
Gruppe: Williamsianum-Hybride
Eltern: 'Jacksonii' × *R. williamsianum*

Schon recht früh, nämlich in der letzten Aprilwoche öffnet diese von D. Hobbie 1977 herausgegebene Hybride ihre zartrosa gefärbten, bis 5 cm großen Blüten, die bald zu einem weißlichen Rosa verblassen und eine sehr schwache rote Zeichnung tragen. Der lockere Blütenstand enthält 3 bis 6 leicht überhängende Blüten. 'Jackwill' ist befriedigend winterhart, doch sollte berücksichtigt werden, daß die frühe Blüte durch Spätfröste gefährdet ist. Mit einem jährlichen Zuwachs um 5 cm erreicht sie ausgewachsen nicht einmal 1 m Höhe bei allerdings wesentlich größerer Breite. Somit ist 'Jackwill' besonders gut für Vorgärten, kleinere Gartenbereiche oder auch für den Friedhof geeignet.

'Vater Böhlje'

Grundfarbe: Rosa
Gruppe: Williamsianum-Hybride
Eltern: *R. catawbiense* var. *compactum* × *R. williamsianum*

Diese sehr empfehlenswerte, von dem Züchter D. Hobbie stammende Hybride wurde 1970 benannt. Sie blüht von der ersten bis dritten Maiwoche in zart lilarosa, ohne Zeichnung. Die bis zu 5,5 cm großen Einzelblüten sind von einem leicht gewellten Saum umgeben und stehen zu 3 bis 8 in lockeren Blütenständen zusammen. 'Vater Böhlje' wächst kugelig kompakt und erreicht lediglich um 1,2 m Höhe, was diese Sorte besonders auch für kleinere Gärten empfiehlt. Beachtlich ist die sehr gute Winterhärte dieser Züchtung.

Repens-Hybriden

Repens-Hybriden sind vielen Pflanzenliebhabern wegen der äußerst wirkungsvollen leuchtend roten Blütenfarbe bekannt. Von der Wildart *R. forrestii* var. *repens* (auch als *R. repens* bezeichnet), die auf feuchten Bergwiesen in China und Tibet wächst, haben alle den schwachen, gedrungenen Wuchs geerbt. Sie erreichen bei guten Wachstumsbedingungen meist nur Höhen von 1 m, der Durchmesser beträgt dann 1 bis 2 m.

Ihre Blüte beginnt bereits Mitte April, bei einigen Sorten Mitte Mai. In ungünstigen Lagen sind Blüte und Austrieb entsprechend spätfrostgefährdet. Einige Sorten zeichnen sich durch auffallend braunrote Blütenknospen aus und beleben gerade im Winter den Rhododendrongarten. Dekorativ ist auch das frischgrüne dunkle zuweilen glänzende Laub.

Erste Züchtungsarbeiten begannen nach 1900 in England, der Durchbruch mit für deutsche Verhältnisse winterharten, heute weltbekannten Sorten gelang D. Hobbie aus Linswege in den 50er Jahren.

Sie sind wegen ihres ausgesprochen langsamen Wachstums und der geringen Ausmaße ideal für kleine Flächen, auch zur Flächenbegrünung, als Bodendecker oder als Vorpflanzung. Besonders in Norddeutschland verbreitet ist die Verwendung dieser Hybriden als niedrige Hecke zur Straßenabgrenzung. Große und bereits alte Einzelpflanzen wirken besonders gut in Solitärstellung. Geeignet sind Repens-Hybriden weiterhin für schmale Rabatten, für Gräber und Steingärten oder als mobiles Grün in Trögen sowie Kübeln. Ihre Lieblingsstandorte sind durchaus offen, bei ausreichender Bodenfeuchte auch vollsonnig. Wegen der Spätfrostgefährdung sind etwas geschützte Standorte besonders gut geeignet.

'Baden-Baden'

Grundfarbe: Rot
Gruppe: Repens-Hybride
Eltern: 'Essex Scarlet' × *R. forrestii* var. *repens*

Leuchtend scharlachrote Einzelblüten mit einer schwachen dunkelbraunen Zeichnung und gewelltem Saum sind die Attribute dieser wohl am bekanntesten und verbreitetsten Repens-Hybride. Wie

Repens-Hybriden (links die rotblühende 'Baden-Baden') sind wegen ihres langsamen Wachstums und der geringen Ausmaße ideal für kleine Flächen, als Vorpflanzung oder Bodendecker.

andere Sorten aus dieser Gruppe stammt sie ebenfalls von D. Hobbie, der ihr 1956 den Namen 'Baden-Baden' gab. 2 bis 6 Einzelblüten mit einem Durchmesser von 4,5 bis 5,5 cm formen einen lockeren Blütenstand. Bereits Ende April/Anfang Mai begeistert die große Leuchtkraft der Blüten den Betrachter selbst aus großer Entfernung. Mehr in die Breite als in die Höhe wachsend erreicht sie etwa 0,8 m Höhe bei doppelter Breite. Ihre Blätter sind auffallend gedreht, was viele Gartenliebhaber schon veranlaßt hat, nach der Gesundheit der Pflanzen zu fragen. Dabei ist diese Hybride urgesund, die gedrehten Blätter sind lediglich eine Sorteneigentümlichkeit. Die Blattadern sind deutlich auf den dunkelgrün-glänzenden Blättern sichtbar. Unter den Repens-Hybriden gilt 'Baden Baden' wohl als die härteste und unempfindlichste Sorte. Auf feuchtem Boden verträgt sie auch volle Sonne. An ungünstigen Standorten besteht jedoch die Gefahr, daß die frühen Blüten durch Spätfröste geschädigt werden. Neben den sonst für Repens-Hybriden bekannten Verwendungsbereichen ist diese Sorte auch besonders gut für niedrige Heckenpflanzungen geeignet, zum Beispiel als Begrenzung des Vorgartens zur Straßenseite.

'Dr. Ernst Schäle'

Grundfarbe: Rot
Gruppe: Repens-Hybride
Eltern: 'Prometheus' × *R. forrestii* var. *repens*

Nach 20jähriger Prüfung und Beobachtung wurde diese von D. Hobbie stammende Repens-Hybride 1966 erstmals in den Handel gebracht. Die Blütendolden werden aus 8 bis 9 Einzelblüten gebildet. Sie sind hell scharlachrot mit leicht gewelltem Saum. Die Blütezeit beginnt Ende April/Anfang Mai und dauert bis zur dritten Maiwoche an. Ebenso wie bei den anderen Repens-Hybriden ist der Wuchs breitrund geschlossen, bis etwa 1 m hoch werdend bei etwa doppelter Breite. 'Dr. Ernst Schäle' ist farblich eine der besten Repens-Sorten, die es zur Zeit gibt.

'Scarlet Wonder'

Grundfarbe: Rot
Gruppe: Repens-Hybride
Eltern: 'Essex Scarlet' × *R. forrestii* var. *repens*

'Scarlet Wonder' zählt zu den schönsten Repens-Hybriden. In verschiedenen Län-

'Scarlet Wonder' zählt zu den schönsten Repens-Hybriden und wurde schon vielfach ausgezeichnet.

dern erhielt sie höchste Auszeichnungen und Wertzeugnisse. Von D. Hobbie gezüchtet, wurde diese Hybride 1960 durch eine holländische Baumschule benannt und in den Handel gegeben. Ende April/Anfang Mai öffnen sich die bis 5,5 cm großen scharlachroten Blüten mit einer schwachen bräunlichen Zeichnung im Inneren und einem gewellten Blütensaum. Im Verblühen hellt sich die Farbe etwas auf. Außerhalb der Blütezeit fallen die zierenden braunroten Blütenknospen auf und auch die etwas gewölbten, bis 7,5 cm langen Blätter wirken mit ihren tiefliegenden Blattnerven äußerst dekorativ. 'Scarlet Wonder' wächst breit rund und kompakt, mit etwa 5 cm Zuwachs pro Jahr. So erreicht sie lediglich Höhen bis etwa 60 cm bei doppelter Breite. Im hohen Alter kann sie auch bis 1,2 m hoch werden. Als sonnenverträgliche Sorte bietet sie sich besonders gut für kleine Gartenstücke, für niedrige Heckenpflanzungen oder auch für Gefäße an.

Yakushimanum-Hybriden

Bei dieser Sortengruppe bestehen seit etwa 20 Jahren weltweit Züchtungsaktivitäten, sie ist daher die am raschesten wachsende Gruppe. Zahlreiche Sorten sind bereits in unseren Gärten vertreten, obwohl viele Hybriden erst nach 1960 entstanden sind. Sie tragen den Namen der Art *R. yakushimanum*, die auf der südjapanischen Insel Yaku Shima (jap.: shima = Insel) vorkommt und um 1937 eingeführt wurde.

Die Wildart (siehe Seite 42) ist äußerst kompakt und langsamwachsend, die Blattunter- und Blattoberseiten sind filzig, der Austrieb ist silbrigweiß. Weiße Blüten entfalten sich aus zunächst rosa gefärbten Knospen. Die natürliche Schönheit und der Charme dieser Art ist begeisternd – ein fast »perfekter« Rhododendron.

Besonders zu erwähnen ist bei den Yakushimanum-Hybriden der Züchter H. Hachmann, Barmstedt, der bereits viele Sorten mit größtem Gartenwert geschaffen hat. Alle Sorten zeichnen sich durch eine alljährlich sichere Blüte und enorme Reichblütigkeit aus. In der Regel sind es verhältnismäßig schwache Wachser, die sich durch einen runden kompakten Habitus auszeichnen. Ihre Winterhärte ist bei deutschen Züchtungen in der Regel gut. Die Blätter weisen häufig noch auf die Herkunft hin: es sind oft weißfilzige und nach unten gewölbte Blätter mit dekorativem Aussehen. Inzwischen sind in dieser Gruppe fast alle bei Rhododendron bekannten Farbtöne vorhanden.

Der filzige Überzug der Blätter hat eine gewisse Schutzfunktion. Yakushimanum-Hybriden sind daher gut sonnenverträglich und wachsen ohne Schwierigkeiten in sonnenreichen Klimaten, wie z.B. in Süddeutschland oder Großstadtbereichen. Neben sauren Böden tolerieren sie auch Standorte mit höheren pH-Werten im Neutralbereich.

Sowohl die reine Wildart als auch die daraus entstandenen Hybriden sind Idealpflanzen für jeden Garten, ob im Vor-

Yakushimanum-Hybriden stehen heute im Mittelpunkt des Interesses der Züchter. Sie sind gut sonnenverträglich, tolerieren etwas höhere pH-Werte und blühen reich und sicher. Besondere Schmuckwirkung haben die roten Blütenknospen, aus denen sich die weißen Blüten entwikkeln.

garten, als Vorpflanzung, auf einer schmalen Rabatte oder auch auf Gräbern. Hervorragend geeignet sind sie für Gefäßbepflanzungen im Bereich des Mobilen Grüns.

'Anuschka'

Grundfarbe: Rosa
Gruppe: Yakushimanum-Hybride
Eltern: 'Sammetglut' × *R. yakushimanum* F.C.C.-Form

'Anuschka' zählt zu den noch jungen, besonders vielversprechenden Sorten. Sie wurde 1982 von dem deutschen Züchter H. Hachmann erstmals in den Handel gegeben und hat seit dieser Zeit bereits den Weg in viele Gärten gefunden. Die Blütenaußenseite ist intensiv rosarot gefärbt, auch der Blütensaum, während das Blüteninnere heller bis fast weiß mit dunkelroter Zeichnung ist. Dieses Farbspiel entfaltet eine ungeheure Leuchkraft! Die 5 bis 7 cm großen Einzelblüten stehen zu 10 bis 15 in einem wohlgeformten Blütenstand und öffnen sich im letzten Maidrittel. Der Wuchs ist sehr gleichmäßig flachrund und niedrigbleibend (bis 0,7 m). Von der Wildart *R. yakushimanum* ist die bräunliche Befilzung der Blattunterseite (Indumentum) erhalten geblieben. Sicherer und reicher Knospenansatz auch bei jungen Pflanzen ist ein weiterer Vorzug dieser allgemein zu empfehlenden Sorte. Dem schwachen Wuchs entsprechend ist eine vielseitige Verwendung gegeben, besonders auch für kleine Gärten, Gräber oder Pflanzgefäße.

'Fantastica'

Grundfarbe: Rot
Gruppe: Yakushimanum-Hybride
Eltern: 'Mars' × *R. yakushimanum* F.C.C.-Form

Mit der Sorte 'Fantastica' haben wir eine der zur Zeit besten Yakushimanum-Hybriden vor uns, die jedem Liebhaber zu empfehlen ist.H. Hachmann brachte sie

1983 heraus. Seit dieser Zeit hat sie sich überall schnell durchgesetzt. Die Blütenaußenseite ist intensiv rosarot, ebenso der Saum der Blütenaußenseite. Nach innen zu wird die Farbe allmählich heller mit weißem Zentrum und schwacher gelblicher bis rötlicher Zeichnung. Der wohlgeformte große, domartige Blütenstand setzt sich aus 12 bis 23 Einzelblüten mit einem Durchmesser von 5 bis 6 cm zusammen. Die Blütezeit reicht vom letzten Maidrittel bis in die erste Juniwoche. 'Fantastica' hat einen sehr dichten, breit aufrechten Wuchs. 10jährige Pflanzen erreichen eine Höhe von 0,8 m bei deutlich größerer Breite. Die intensiv dunkelgrünen bis 14 cm langen Blätter, deren Unterseiten mit einem hellbraunen Filz (Indumentum) bedeckt sind, bilden einen wirkungsvollen Kontrast zur Blüte. Dem relativ schwachen Wachstum entsprechend läßt sich 'Fantastica' für die verschiedensten Zwecke verwenden.

'Flava'

intern. 'Volker'
Grundfarbe: Gelb
Gruppe: Yakushimanum-Hybride
Eltern: *R. wardii* × *R. yakushimanum* F.C.C.-Form

Um 1952 entstand die Sorte 'Flava' im Betrieb D. Hobbie in Linswege. Sie befindet sich seit 1973 im Handel und gehört seit dieser Zeit zu den besten gelbblühenden Rhododendron. In der dritten Maiwoche öffnen sich die 4 bis 6 cm großen hellgelben Blüten, die zum Teil einen roten Basalfleck aufweisen. Der lockere Blütenstand besteht aus 6 bis 14 Blüten von 5,5 bis 7,0 cm Durchmesser. Der Wuchs ist breitrund und ziemlich kompakt. Bei einem jährlichen Zuwachs von etwa 5 cm erreichen die Pflanzen im Alter etwa 1,2 m Höhe bei 1,8 m Breite. Schön ist der Kontrast der gelben Blüten zum leicht glänzenden dunkelgrünen Laub. Von dieser Sorte existieren verschiedene Klone wie z.B. 'Babette', 'Flava Rosea', 'Lackblatt' usw. Vor einem dunklen Hintergrund kommen die Blüten besonders gut zur Geltung.

'Lampion'

Grundfarbe: Rot
Gruppe: Yakushimanum-Hybride
Eltern: 'Bad Eilsen' × *R. yakushimanum* F.C.C.-Form

Sehr treffend benannt ist diese 1985 von H. Hachmann eingeführte Sorte. Die nur 4,5 bis 5,5 cm großen Blüten sind im Aufblühen zunächst hellrot gefärbt, um dann über hellrosa bis fast weiß zu verblühen. Der lockere Blütenstand besteht aus 5 bis 7 aufrecht stehenden Einzelblüten, die zwischen Mitte und Ende Mai erscheinen. Sehr dekorativ wirken im Winter die auffallend braunroten Blütenknospen. Übrigens ist 'Lampion' recht gut winterhart, sie hält nämlich bis −22 °C aus. Beide Elternteile haben für den schwachen Wuchs gesorgt. So erreichen 10jährige Pflanzen lediglich 0,4 m Höhe bei etwa doppelter Breite. Entsprechend bieten sich Verwendungsmöglichkeiten in Pflanzgefäßen, Heide- und Steingärten oder auf Friedhöfen an.

'Morgenrot'

Grundfarbe: Rot
Gruppe: Yakushimanum-Hybride
Eltern: *R. yakushimanum* F.C.C.-Form × 'Spitfire'

'Morgenrot' ist die zur Zeit bekannteste rote Yakushimanum-Hybride im Handel. Gute Winterhärte, Sonnenverträglichkeit und Blühreichtum sowie eine ansprechende Blütenfarbe sind die Attribute dieser von H. Hachmann stammenden Sorte, die 1978 eingeführt wurde. Im Mai öffnen sich die um 5 cm großen hellroten Blüten, die zum Zentrum hin heller werden und mit einer bräunlichroten Zeichnung versehen sind. Harmonisch beschwingt wirkt der gewellte Blütensaum. Die aus 10 bis 18 Blüten bestehenden Stutze sind kugelig und ziemlich kompakt. Die um 10 cm langen Blätter tragen unterseits ein kräftiges braunes Indumentum. Bei einem jährlichen Zuwachs von 5 bis 10 cm erreichen 15jährige Pflanzen eine Höhe von 0,75 m bei 1,8 m Breite. 'Morgenrot' ist jedem Rhododendronliebhaber zu empfehlen, sie eignet sich gut für kleinere Gärten, Kübel oder Gräber.

'Pink Cherub'

Grundfarbe: Rosa
Gruppe: Yakushimanum-Hybride
Eltern: *R. yakushimanum* × 'Doncaster'

Ein besonders reizvolles Bild bietet die von Ende Mai bis Mitte Juni blühende 'Pink Cherub', wenn ihre hellrosa gefärbten Knospen im Kontrast zu den bereits voll erblühten Blumen stehen. Die Blütenaußenseite ist purpurrosa, der innere Saum heller, zum Zentrum hin wird die Blüte weiß. Hier hebt sich eine gelbe bis gelbgrüne Zeichnung ab. Bis 6,5 cm groß sind die Blüten, die zu 12 bis 17 in runden kompakten Stutzen zusammenstehen. Die schmalen dunkelgrünen Blätter kommen in Verbindung mit den hellrosa Blüten besonders gut zur Geltung. 'Pink Cherub' entstand vor 1959 in England, zeichnet sich durch eine aufrechte bis breit aufrechte geschlossene Wuchsform aus und ist gut winterhart bis −24 °C. Alte Pflanzen erreichen zwischen 1,5 bis 1,8 m Höhe.

'Polaris'

intern. 'Hachmann's Polaris'
Grundfarbe: Rosa
Gruppe: Yakushimanum-Hybride
Eltern: *R. yakushimanum* F.C.C.-Form × 'Omega'

'Polaris' zählt zu den besten Hachmann-Sorten bzw. sie ist eine der schönsten unter den Yakushimanum-Hybriden überhaupt. Seit 1978 eingeführt wurde sie bereits vielfach prämiert. Von Mitte Mai bis Anfang Juni öffnen sich die bis zu 6 cm großen rubinrosa gefärbten Blüten. Nach innen geht die Farbe in ein zartes Rosa über mit einer gelbgrünen bis gelblichbraunen Zeichnung auf weißem Untergrund. Der runde Blütenstand setzt sich aus 11 bis 19 Einzelblüten zusammen. 'Polaris' wächst flach kompakt, 10jährige Pflanzen erreichen 0,6 m Höhe bei doppelter Breite. Das leicht glänzende dunkelgrüne Laub ist sehr dekorativ. Sie ist ausgesprochen robust, neben der sehr guten Winterhärte kommt noch hinzu, daß sie auch vollsonnige Standorte toleriert. 'Polaris' ist vielseitig verwendbar, besonders aber auch in kleinen Gärten oder Pflanzgefäßen. Überall besticht sie durch den überreichen Blütenflor, pro Trieb werden oft bis zu 3 Knospen gebildet.

'Morgenrot' ist eine der bekanntesten Yakushimanum-Hybriden.

'Sneezy'

Grundfarbe: Rot
Gruppe: Yakushimanum-Hybride
Eltern: *R. yakushimanum* × 'Doncaster'

Besonders wegen der roten Blütenfarbe ist diese 1971 aus England eingeführte Sorte zu empfehlen. In frisch erblühtem Zustand erscheint die Farbe hellrot und geht später dann mehr in rötlich-rosa über. Im Inneren hebt sich eine kräftige dunkelrote Zeichnung ab. Der Blütendurchmesser beträgt 5 bis 6,5 cm. Jeweils 9 bis 15 Blüten bilden einen recht kompakten Blütenstutz. Der Blühzeitraum liegt zwischen dem letzten Maidrittel und der ersten Juniwoche. 'Sneezy' wächst kompakt, mehr breit als hoch, ihre Winterhärte liegt zwischen befriedigend und gut. In Einzelstellung, eventuell als Vorpflanzung zu anderen Gehölzen, wirkt diese Hybride besonders gut.

Die Farbe der zunächst zartrosa aufblühenden 'Silberwolke' geht allmählich in Weiß über.

'Silberwolke'

Grundfarbe: Weiß
Gruppe: Yakushimanum-Hybride
Eltern: *R. yakushimanum* F.C.C.-Form × 'Album Novum'

'Silberwolke' gehört zu den etwas stärker wachsenden Yakushimanum-Hybriden und erreicht bis 1,2 m Höhe. Ihr Wuchs kann mit kompakt, breit aufrecht wachsend beschrieben werden. Seit ihrer Einführung im Jahr 1978 ist diese Hachmann-Sorte mehrfach ausgezeichnet worden, sie ist also voll empfehlenswert. Sie blüht ab Mitte Mai zunächst zartrosa auf und geht allmählich in Weiß über. Im Inneren der Blüte befindet sich eine schwach gelbgrüne Zeichnung, der Saum ist leicht gekräuselt. Die ziemlich kompakten Blütenstände bestehen jeweils aus 12 bis 18 Blüten mit einem Durchmesser um 7 cm. Ihre bis 13 cm langen Blätter sind kräftig dunkelgrün und stabil. 'Silberwolke' hat sich als gut winterhart erwiesen und verträgt bis −22 °C.

Kleinblumige Hybriden

In dieser Gruppe sind kleinblütige und kleinblättrige Rhododendronsorten mit den dazugehörigen Wildarten zusammengefaßt. Es handelt sich um eine heterogene Gruppe, die sich keiner anderen Gruppierung zuordnen läßt. Dominierend sind blaue, lila und violette Farbtöne. Die Hybriden sind oft besonders winterhart, langsamwachsend, bis etwa 1 m Höhe, und relativ anspruchslos. Viele dieser Sorten sind erst in den letzten 10 Jahren entstanden. Der Blütezeitraum reicht vom Vorfrühling bis zum Frühsommer, wobei die Blütenfülle immer wieder überrascht.

Die geringe Wuchsleistung empfiehlt sie besonders für Pflanzungen in kleinen Gärten, Vorgärten, Heide- und Steingärten, auf Gräbern oder in Kübeln und Trögen. Mit ihnen sind auch gut Pflanzlücken im vorderen Gartenbereich ausfüllbar, wobei etwas Vorsicht mit weniger gut kombinierbaren Farben geboten ist. Bei der Düngung reagieren sie auf höhere

Nährstoffgaben empfindlicher als die anderen Gruppen. Im Pflanzjahr kann daher auf eine Düngung vollkommen verzichtet werden, sonst ist die Düngermenge auf die Hälfte zu reduzieren. Mit ihren kleinen Blättern tolerieren sie bei gleichbleibender Feuchtigkeit durchaus auch sonnige Bereiche. Sogar höhere pH-Werte bis pH 5,8 werden gut vertragen. Mit der ihnen eigenen Schönheit bilden sie eine gute Ergänzung zum übrigen Sortiment.

'Dora Amateis'

Grundfarbe: Weiß
Gruppe: Kleinblumige Hybride
Eltern: *R. carolinianum* × *R. ciliatum*

'Dora Amateis' ist die wohl zur Zeit beste und schönste weiße Sorte unter den kleinblumigen Hybriden. Sie wurde vor 1955 in den USA von E. Amateis gezüchtet. Anfang bis Mitte Mai erscheinen die reinweißen bis cremeweißen nur 4 bis 5 cm großen Blüten. Die Blütenaußenseite ist leicht rosa getönt, auf den oberen Blütenblättern ist eine zarte gelbe Zeichnung zu erkennen. Maximal 1 m hoch wird 'Dora Amateis'. Das Laub ist tief dunkelgrün und duftet aromatisch. In Stein- und Heidegärten, auf Gräbern oder in Pflanzgefäßen bezaubert diese liebenswerte Hybride, die 1981 in England mit einem F.C.C. ausgezeichnet wurde.

'Gristede'

syn. *R. russatum* 'Gristede'
Grundfarbe: Blau
Gruppe: Kleinblumige Hybride
Eltern: Russatum-Hybride

Nach dem in Gristede bei Bad Zwischenahn gelegenen Rhododendronpark der Fa. Joh. Bruns erhielt diese Russatum-Hybride ihren Namen. Sie ist vor 1961 bei der Baumschule Joh. Bruns entstanden. In mehr oder weniger ballförmigen Blütenständen stehen die 2 bis 3,5 cm großen Blüten an den Triebenden zusammen. Sie erstrahlen in einem leuchtenden Lilablau bereits in der letzten Aprilwoche. Etwa 5 cm beträgt der Jahreszuwachs, sehr alte Pflanzen erreichen etwa 1 m Höhe bei deutlich größerer Breite. Kugelig und kompakt ist das Wuchsbild. Sehr schön wirken die 2 bis 4 cm langen, leicht glänzenden intensiv dunkelgrünen Blätter, die unterseits beschuppt sind und aromatisch duften. Wegen der frühen Blütezeit ist ein etwas geschützter Standort empfehlenswert. Für kleine Gartenräume kann diese befriedigend winterharte Sorte bestens empfohlen werden.

Die kleinblumigen Hybriden, hier die Sorte 'Gristede', empfehlen sich durch ihre geringe Wuchsstärke für kleine Gärten, Vorpflanzungen sowie Tröge und Kübel.

'Lavendula'

Grundfarbe: Lila
Gruppe: Kleinblumige Hybride
Eltern: (*R. russatum* × *R. saluenense*) × *R. rubiginosum*

'Lavendula' ist eine von D. Hobbie 1969 eingeführte Hybride, die zu den bewährten, winterharten Sorten zählt. Sie ist überaus reich blühend mit ihren zartlila

Die frühe Blütezeit Anfang März macht 'Praecox' besonders wertvoll.

oder lavendelfarbenen Blüten, die eine grünliche bis bräunlichgrüne oder rotbraune Zeichnung tragen. Die lockeren Blütenstände enthalten 3 bis 5 Blüten von 4 bis 5 cm Durchmesser, deren Saum hübsch gewellt ist. Von Mitte bis Ende Mai erstreckt sich die Blütezeit. 'Lavendula' wächst breit aufrecht und kompakt und erreicht ausgewachsen um 1 m Höhe. Die 2 bis 4 cm großen Blätter sind unterseits braun beschuppt und verfärben sich im Winter bronzefarben. Außerdem duften sie aromatisch. In Vorgärten, Heide- und Steingärten bietet diese in jeder Hinsicht schöne Sorte zur Blütezeit eine Augenweide.

'Moerheim'

syn. *R. impeditum* 'Moerheim's Variety'
Grundfarbe: Violett
Gruppe: Kleinblumige Hybride
Eltern: Impeditum-Hybride

Besonders für kleinere Gartenbereiche, für Stein- und Heidegärten sowie für Balkonkästen oder andere Gefäße ist diese liebenswerte Hybride geeignet. Sie wurde 1950 in Holland eingeführt. Von Mitte bis Ende April erscheinen die kleinen, 2 bis 3 cm großen violetten Blüten mit gewelltem Saum. Ihre Fülle ist oft so groß, daß die kleinen, glänzend dunkelgrünen Blätter kaum noch zu sehen sind. Im Winter verfärben sie sich bronzefarben. Sie sind beidseitig beschuppt und duften aromatisch. Wegen der frühen Blüte sollten geschützte Standorte gewählt werden, um Spätfrostschäden zu vermeiden.

'Praecox'

Grundfarbe: Rosa
Gruppe: Kleinblumige Hybride
Eltern: *R. dauricum* × *R. ciliatum*

In keinem Garten sollte dieser bezaubernde Vorfrühlingsblüher fehlen, der bereits von Anfang März bis Mitte April blüht. Nach milden Wintern, die in den letzten Jahren wiederholt aufgetreten sind, entfalten sich die 2,5 bis 4,5 großen leuchtend lilarosa Blüten schon im Februar. 'Praecox' ist vor 1860 in England entstanden und zählt heute noch zu den aktuellen, bewährten und winterharten Hybriden. Der Wuchs ist aufrecht und etwas locker. Bei einem jährlichen Zuwachs um 5 cm erreichen alte Pflanzen Höhen zwischen 1,5 bis 2 m. Die glänzend dunkelgrünen 4 bis 6 cm langen ovalen Blätter sind am Rand bewimpert und duften aromatisch. Dieser Duft scheint Rehe und Hasen anzulocken, denn in ländlichen Gebieten wird häufiger Wildverbiß festgestellt. Leider ist die frühe Blüte durch Spätfröste gefährdet, in Frostnächten sollten die Pflanzen daher abgedeckt werden. 'Praecox' läßt sich gut treiben und gilt als verträglich gegenüber etwas höheren pH-Werten (pH 5,8 bis 6).

'Ramapo'

Grundfarbe: Rosa
Gruppe: Kleinblumige Hybride
Eltern: *R. fastigiatum* × *R. carolinianum*

Bereits vor 1940 entstand diese Hybride in den USA. Ihre hellila Blüten sind 2 bis 3 cm groß und stehen zu 3 bis 5 zusammen. Sie öffnen sich von der ersten bis zur dritten Maiwoche. Der Jahreszuwachs beträgt um 5 cm, dementsprechend erreichen ältere Pflanzen lediglich Wuchshöhen von 0,5 m bei 1,5 bis 2 m Breite. Dabei ist der Habitus breit und flachkompakt. Sehr schön ist die blaugrüne Belaubung, die das ganze Jahr über anspricht und aromatisch duftet. 'Ramapo' ist ausgesprochen robust und gesund und außerdem sehr winterhart, eine ideale Pflanze für Anfänger. Einzeln oder in Gruppen, sogar als Bodendecker, wachsen sie in Heide- und Steingärten, auf Gräbern oder in Gefäßen.

Rhododendron-Wildarten

Der natürliche Charme der Rhododendron-Wildarten paßt gut in naturnahe Gärten. Die gartenwürdigen Formen mit ausreichender Winterhärte stammen überwiegend aus dem Himalaya, aus Mittel- und Westchina sowie Japan. Ihre Vielfalt in der Belaubung, im Wuchstyp und der Wuchsstärke ist außerordentlich groß, auch variieren die Blütezeiten, die Blütenfarben und -formen in einer faszinierenden Vielfalt. Sie bieten hiermit eine wichtige Ergänzung zu den anderen Sortengruppen. Von den rund 1.000 Arten werden nur die besonders schönen und bewährten ausgesucht, die in der Regel im Handel erhältlich sind.

Den natürlichen Bedingungen an den Naturstandorten entsprechend verlangen die Wildarten etwas mehr Gespür für ihre speziellen Bedürfnisse, was häufiger mit einem umfassenderen Pflegeaufwand verbunden ist. Im Vergleich zu den Hybriden sind sie zum Teil nicht ganz so robust und stellen zuweilen besondere Ansprüche. Dankbar sind die meisten von ihnen für leichten Schatten und gleichmäßige Bodenfeuchtigkeit. Die stärker wachsenden Wildarten ergänzen mit ihrer Belaubung und Wuchsform die Gruppe der großblumigen Hybriden. Besonders wertvoll sind die schwächerwachsenden Arten für Stein- und Heidegärten und eng begrenzte Gartenräume mit geringem Platzangebot.

R. brachycarpum **verträgt selbst extreme Standorte in voller Sonne. Ihr starker Wuchs macht sie allerdings nur für größere Gärten geeignet.**

R. brachycarpum

Grundfarbe: Weiß
Gruppe: Wildart

Diese Wildart wächst in Japan und Korea in Fichten- und Tannenwäldern, in größeren Höhen bis 2.300 m auch auf Felsen und im Geröll. Die Blütenfarbe variiert von rahmweiß bis zartrosa; im Inneren

R. camtschaticum **stammt aus den subpolaren Regionen von Alaska und Asien und fühlt sich in etwas absonnigen, kühlen und feuchten Gartenteilen oder Steingärten wohl.**

der glockigen Einzelblüten befindet sich ein grünlicher Fleck. Jeweils 10 bis 20 kleinere Blüten bilden eine Blütentraube, die zumeist erst Anfang Juni geöffnet wird. Jüngere Pflanzen wachsen zunächst breitrundlich und dicht, um später einen lockeren Habitus anzunehmen. Bei einem jährlichen Zuwachs von 10 bis 15 cm erreichen ältere Pflanzen Wuchshöhen von 2,5 m. Der junge Austrieb sowie die Blätter sind zunächst weißfilzig. *R. brachycarpum* ist besonders winterhart und recht anspruchslos. Ihren Gartenwert erhält diese Wildart durch die späte Blüte, den dekorativen Austrieb und die schmückenden Blätter. Sie verträgt selbst extreme Standorte in voller Sonne. Geeignet ist diese Art besonders für größere Gärten und Parkanlagen.

R. camtschaticum

Grundfarbe: Rosa-Purpur
Gruppe: Wildart

Ein äußerst liebenswerter Winzling unter den Rhododendron ist die Art. *R. camtschaticum*. Dieser Zwergstrauch erreicht nur Wuchshöhen von etwa 20 bis 30 cm. Es ist eine subpolare Art, die in Alaska auf der Halbinsel Kamtschatka, im östlichen Sibirien und in Nordjapan beheimatet ist. Die offen-trichterförmigen, gestielten Einzelblüten sind dunkelpurpur bis purpurviolett mit einer rotbraunen Zeichnung im Inneren versehen. Von Juni bis September erscheinen an den Neutrieben durchgehend die 3 bis 4 cm großen Blüten. Dieser Polarrhododendron verliert nach gelber bis roter Herbstfärbung sein Laub, eine Schutzmaßnahme, um die kalten Winter in der Heimat zu überstehen. In kühlen, feuchten, etwas absonnigen Gartenlagen fühlt er sich wohl. Sommertrockenheit sollte unbedingt vermieden werden. Auch steinig-humose Böden fördern seine Entwicklung. Für jeden Pflanzenliebhaber, der das »Ursprüngliche« und »Natürliche« liebt, kann dieser Rhododendron wärmstens empfohlen werden.

R. dauricum

Grundfarbe: Rosa
Gruppe: Wildart

Diese Wildart überrascht jedes Jahr durch ihre frühe Blüte, mit der normalerweise im März/April zu rechnen ist. Aber in sehr milden Wintern kann dies auch bereits im Februar der Fall sein. Setzen dann noch schärfere Fröste ein, währt die Freude allerdings nicht lange. Der Name stammt von der Landschaft Daurien, östlich des Baikalsees. Sibirien, die Mongolei, Nordostchina und Japan sind die natürlichen Verbreitungsgebiete. Hier wächst sie auf sauren Mineralböden mit nur geringer Humusauflage in lichten Birken- und Nadelwäldern. Die Blütenfarbe variiert etwas, von zartrosa bis purpurrosa. Die Blüten sind mit 3 bis 4 cm Durchmesser recht klein, ihre Form ist trichterartig. *R. dauricum* wächst aufrecht, oft locker und etwas sparrig erscheinend, bis etwa 2 m Höhe. Seine Blätter wirken lederartig, sie sind beiderseits beschuppt und maximal 3 cm lang. Anspruchslosigkeit, frühe Blüte und absolute Winterhärte sind durchaus überzeugende Attribute für diesen »Frühblüher«. Weiterhin zeichnet sich diese Art durch einen aromatischen Duft aus.

R. ferrugineum

Grundfarbe: Rot
Gruppe: Wildart

Die echte rostblättrige Alpenrose wächst in Höhen von 1.500 bis 2.000 m in den Alpen, den Pyrenäen und auf dem Apennin. Sie bevorzugt gut durchlüftete Böden und gedeiht dort im Humus zwischen Geröll. Relativ spät, von der zweiten bis vierten Juniwoche, erscheinen die dunkelpurpurrot gefärbten röhrenförmigen Blüten, die nur 1,2 bis 2 cm lang sind und zu 9 bis 16 in endständigen Doldentrauben zusammenstehen. Dadurch ergibt sich eine gute Farbwirkung. *R. ferrugineum* wächst sehr langsam, nur 3 bis 5 cm pro Jahr und bildet im Alter dichtzweigige Sträucher bis 1 m Höhe bei fast doppelter Breite. Die schmalen, bis 4 cm langen Blätter sind unterseits rostbraun beschuppt, deshalb der Name »Rostblättrige Alpenrose«. Besonders hübsch wirkt dieser Zwergrhododendron in Steingärten, auf kleineren Flächen oder in Gemeinschaft mit anderen Alpenpflanzen.

R. hirsutum

Grundfarbe: Rosa
Gruppe: Wildart

In den Zentralalpen Europas, bis nach Nordwest-Jugoslawien hinein finden wir diese Wildart. Hier wächst sie in alpinen Regionen vergesellschaftet mit anderen Zwergsträuchern auf Rohhumusauflagen über Kalkgestein. Im Volksmund wird sie auch als Almenrausch bezeichnet, sie steht allgemein unter Naturschutz. Von Juni bis Juli öffnen sich die rosa bis hellrot gefärbten, nur 1,5 bis 2 cm großen Blüten, die zu 5 bis 11 in lockeren Doldentrauben beieinanderstehen. *R. hirsutum* formt breit kompakte, dicht verzweigte Sträucher von 0,5 bis 1 m Höhe. Mit anderen zwergwüchsigen Rhododendron zusammen wirkt *R. hirsutum* besonders gut in Steingärten oder auch im Heidegarten. Wertvoll ist er wegen seiner recht späten Blüte. Von *R. ferrugineum* unterscheidet sich diese Art durch den bewimperten Blattrand.

Die bekannte Alpenrose *(R. ferrugineum)* wächst in Höhen von 1500 bis 2000 m.

R. impeditum

Grundfarbe: Blau
Gruppe: Wildart

R. impeditum ist in Nordwest-Yunnan (China) beheimatet. Dort wächst diese Art in lichten Wäldern oder auf offenen Hängen zwischen 3.300 und 4.000 m Höhe und bildet dicht verzweigte Zwergsträucher, die lediglich 30 bis 40 cm hoch werden, dafür aber doppelt so breit. Die 1 bis 2 cm langen blaugrauen Blättchen, die beiderseits beschuppt sind, wirken zu jeder Jahreszeit dekorativ. Überreich blüht *R. impeditum* ab der dritten Aprilwoche in violettblauen bis hellvioletten Farbtönen. Trokkenheit mag er gar nicht und wegen der frühen Blüte sollten auch etwas geschützte Gartenbereiche ausgewählt werden. Dieser Rhododendron ist recht vielseitig verwendbar und eignet sich besonders gut für Heide- und Steingärten sowie zur Grabbepflanzung, aber ebenso auch für den Balkonkasten.

R. keleticum

Grundfarbe: Rot
Gruppe: Wildart

Felsige, alpine Lagen bis 4.600 m Höhe in Südost-Tibet und Yunnan sind die Heimat dieses Rhododendron-Winzlings. Sehr niedrig, nur bis 15 cm hoch wird er und breitet sich dabei teppichartig aus. Von Ende Mai bis Anfang Juni blüht er purpurrot mit einer rötlichen Zeichnung im Innern. Die 2,5 bis 3,5 cm großen Blüten stehen einzeln oder zu 2 bis 3 auf behaarten Stielchen. Der Pflanzengröße entsprechen die um 1 cm langen, glänzend dunkelgrünen Blättchen, die unterseits braun beschuppt und bewimpert sind. Dieser natürliche Schutz erlaubt auch Pflanzungen in vollsonniger Lage, wenn für ausreichende Bodenfeuchte gesorgt wird. Ein Rhododendron zum Liebhaben ist er, mit seinen im Vergleich zur Pflanze großen Blüten! Schmale Rabatten, Balkonkästen und Kübel sind für ihn geeignet. Besonders reizvoll präsentiert er sich aber in Stein- und Heidegärten oder im Alpinum.

R. punctatum

syn. *R. minus*
Grundfarbe: Rosa
Gruppe: Wildart

Relativ anspruchslos ist diese aus dem Südosten der USA stammende Wildart. Ab Ende Mai bis um den 20. Juni erscheinen die purpurrosa gefärbten Blüten, die einen Durchmesser von 2,5 bis 3 cm aufweisen. Jeweils 6 bis 18 Blüten sind an den Triebenden vereint. Der in der Heimat mehrere Meter hoch werdende, dichtverzweigte breitrunde Strauch, erreicht bei uns Höhen um 1,2 bis 1,5 m. Die dunkelgrünen Blätter sind bis 10 cm lang und unterseits braun beschuppt. Die Art ist ausgesprochen winterhart und robust und gedeiht auch auf weniger humosen Böden zufriedenstellend. Gut entwickelt sie sich auf Rabatten, in Stein- oder Heidegärten.

R. radicans

Grundfarbe: Rot
Gruppe: Wildart

R. radicans zählt zu den Zwergen unter den Rhododendron. Nur 10 cm Höhe bei doppelter bis dreifacher Breite werden von dieser kriechenden und teppichbildenden Form erreicht. Im Vergleich hierzu sind die Ende Mai bis Mitte Juni erscheinenden gestielten Einzelblüten mit 2 bis 2,5 cm Durchmesser recht groß. Ihre Farbe ist purpurn bis purpurrot. Diese Art stammt aus dem südöstlichen Tibet und wächst hier in 4.000 bis 5.000 m Höhe. Ihre frischgrünen, schmal lanzettlichen 1,5 cm langen glänzenden Blättchen sind behaart und beschuppt. Dieser niedliche Rhododendron ist bei ausreichender Bodenfeuchtigkeit ideal für den Steingarten und das Alpinum. Die Winterhärte dieser schönen Art ist befriedigend, bei der Gefahr von Kahlfrösten und in rauhen Lagen sollte Schutz gegeben werden.

R. russatum

syn. *R. cantabile*
Grundfarbe: Blau
Gruppe: Wildart

Anmutig wirken die dunkelviolettblauen, bis 3 cm großen Blüten, mit ihrem helleren bis weißem Zentrum. Diese Wildart zählt zu den dankbarsten im Stein- oder Heidegarten und ist zuverlässig winterhart. Ihre Heimat sind die Berge Chinas, bis in Höhen von 4.300 m wächst sie auf feuchten, steinigen Wiesen. Von Ende April bis Mitte Mai dauert die Blüte. Ihr Wuchs ist aufrecht bis breit aufrecht und geschlossen, maximal 1 m hoch werdend. Die 2 bis 3 cm langen Blättchen sind dunkelgrün, beiderseits beschuppt, und entfalten einen leicht aromatischen Duft. Bei gleichmäßiger Bodenfeuchte wächst *R. russatum* problemlos und setzt jedes Jahr sicher Knospen an.

R. smirnowii

Grundfarbe: Rosa
Gruppe: Wildart

Im Kaukasus und nordöstlichen Kleinasien bis in die Türkei hinein wächst *R. smirnowii* (nach ihrem Entdecker, dem russischen Arzt und Botaniker Smirnow benannt) in Höhen von 500 bis 2.300 m an Felshängen und in lichten Buchen- und Kiefernwäldern. Von Ende Mai bis zur dritten Juniwoche öffnen sich die bis 7,5 cm großen purpurrosa gefärbten Blüten. Im Inneren befindet sich eine gelblichgrüne Zeichnung, der Blütenrand ist gekräuselt. Jeweils 10 bis 12 Blüten sind in Doldentrauben angeordnet. Locker gestuft bis kompakt wächst diese Art, die bis 2,5 m Höhe erreicht, an günstigen Standorten auch höher wird. Sehr schön wirken die weißfilzigen Austriebe sowie die lederartigen Blätter, die 8 bis 17 cm lang werden und unterseits mit dichtem weißwolligen bis zimtbraunem Filz versehen sind. Austrieb und Blätter machen den Zierwert von *R. smirnowii* aus. Es ist eine robuste, absolut winterharte Art, die für größere Gartenanlagen und Parks geeignet ist. Sie kann aber auch als Schutzpflanzung für empfindlichere Rhododendron dienen, denn sie verträgt recht gut sonnige Lagen.

R. russatum braucht gleichmäßige Bodenfeuchte und ist im Stein- oder Heidegarten eine dankbare Pflanze.

R. wardii

Grundfarbe: Gelb
Gruppe: Wildart

R. wardii ist mit seiner klaren Blütenfarbe und dem schönen Laub wohl eine der besten gelbblühenden Wildarten. Er stammt aus China/Tibet und wächst hier in Höhen von 3.000 bis 4.300 m in Wäldern und auf offenen Berghängen. Hellgelb bis zitronengelb, oft mit einem roten Basalfleck versehen sind die bis 6,5 cm großen Blüten, die sich von der zweiten Maiwoche bis zur ersten Juniwoche öffnen. Zu 5 bis 11 stehen sie jeweils an den Triebenden in Doldentrauben zusammen. Bei einem Jahreszuwachs von 5 bis 10 cm erreicht *R. wardii* bei uns maximal eine Höhe von 2 bis 2,5 m, während er in seiner Heimat deutlich größer wird. Die bis 11 cm langen Blätter wirken ledrig. Wegen der mäßigen Frosthärte sollte ein geschützter Gartenbereich als Standort ausgewählt werden. Trockenheit mag er gar nicht.

R. sutchuenense wird bis zu 5 m hoch. Imposant sind auch die bis zu 20 cm großen, kugeligen Blütenstände.

R. sutchuenense

Grundfarbe: Weiß
Gruppe: Wildart

In vielen Eigenschaften imponiert diese Wildart aus China, die dort in Eichenwäldern bis 2.400 m Höhe wächst. Sie entwickelt sich strauchartig, relativ wenig verzweigt, bis zur Größe von 4 bis 5 m. Bereits Ende März/Anfang April entfalten sich die bis 7 cm großen weißen rosa getönten Blüten mit purpurfarbenen Punkten. 8 bis 10 Blüten bilden fast 20 cm große kugelige Doldentrauben. Sehr dekorativ sind die recht großen länglich lanzettförmigen, bis 25 cm langen Blätter ebenso wie der frische Austrieb, der zunächst grauweißfilzig heranwächst. Leider ist die frühe Blüte durch Fröste gefährdet. Entsprechend sind geschützte Standorte zu wählen. Sonst ist die Art aber gut frosthart. Ihrem starken Wachstum entsprechend benötigt sie viel Platz.

R. yakushimanum

Grundfarbe: Weiß
Gruppe: Wildart

Diese Wildart kommt nur auf der japanischen Insel Yaku Shima in Höhen von 500 bis 2.000 m vor. Es ist wohl eine der schönsten Arten überhaupt in bezug auf Wuchsform, Blätter und Austrieb. *R. yakushimanum* wurde um 1934 bis 1936 nach England eingeführt und ist seit dieser Zeit ein äußerst begehrtes Sammelobjekt aller Rhododendronliebhaber. 1947 erhielt eine besonders gute Form (siehe unten) auf der Chelsea Flower Show ein First Class Certificate (= F.C.C.), dies ist das höchste Wertzeugnis, das in England vergeben wird. Von der dritten Maiwoche bis Anfang Juni blüht er. Im Aufblühen zunächst zartrosa, geht die Farbe später in Weiß über mit einer schwachgelben Zeichnung im Inneren. Die Blüten sind mittelgroß, 4 bis 5 cm, sie bilden mit jeweils 9 bis 20 Blüten kompakte runde Stutze. *R. yakushimanum* wächst breitrund, dicht und gedrungen; mit einem Jahreszuwachs von etwa 5 cm erreichen alte Pflanzen 1 bis 1,2 m Höhe bei etwa doppelter Breite. Bezaubernd sind der silberfilzige Austrieb und die tief dunkelgrünen schmal länglichen, bis 9 cm langen sehr dekorativen Blätter. Diese sind am Rand eingerollt, blattunterseits ist ein dichter, brauner Filz sichtbar. Auch in voller Sonne bleibt diese Wildart dicht und gedrungen und setzt bereitwillig Knospen an. Jedem Liebhaber ist diese Art zu empfehlen, besonders für kleine Gartenräume oder Pflanzgefäße. Sie ist gut winterhart bis −24 °C. Bei der F.C.C.-Form (= 'Koichiro Wada') handelt es sich um eine besonders schöne Selektion aus dieser Art. Auch bei der F.C.C.-Form öffnen sich ab Mitte Mai die im Aufblühen zart rosa, später weiß werdenden Blüten. Die kompakten runden Blütenstände enthalten auch hier 9 bis 20 Blüten von 4,5 bis 5,5 cm Durchmesser. Die Winterhärte, Wuchsform und Belaubung entsprechen der Art.

Die sommergrünen Azaleen

Im Gegensatz zu den immergrünen Rhododendron oder auch Japanischen Azaleen verlieren die sommergrünen Azaleen im Herbst ihr Laub, oft unter vorheriger Verfärbung in leuchtend rote, gelbe oder bronzene Farbtöne. Sie sind in der Regel vollkommen winterhart. Schutzmaßnahmen sind daher nicht erforderlich. Ihr Wuchs ist halbhoch, überwiegend werden Höhen von 1,5 bis 2 m erreicht. Faszinierend sind die recht großen Blüten in leuchtenden Farben, die in Parks, Grünanlagen oder größeren Gärten im Mai/Juni ein wahres Blütenfeuerwerk entfachen. Unter der Bezeichnung sommergrüne Azaleen sind verschiedene Azaleengruppen zusammengefaßt, die sich in einigen Merkmalen deutlich unterscheiden. Viele Sorten dieser Gruppen sind in Belgien, Holland oder England entstanden.

Knap Hill-Hybriden

Knap Hill-Hybriden sind durch Kreuzung verschiedener Rhododendronarten entstanden. Die Züchtung begann ab 1870 in England, erste Sorten wurden ab 1926 herausgebracht. Nach dem Ort ihrer Entstehung, der Knap Hill-Baumschule in England, erhielten sie ihren Namen. In Deutschland befaßten sich die Baumschulisten Fleischmann und Hachmann mit der Züchtung, ihre Sorten wurden ab 1970 angeboten.

Alle Hybriden haben einen gemeinsamen Ursprung und sind vom Typ recht ähnlich. Es sind überwiegend recht großblumige Sorten, deren Blüten weit geöffnet sind und zum Teil Blütendurchmesser von bis zu 10 cm aufweisen. Unter ihnen sind solche mit einfacher oder gefüllter Blüte. Die Blütenstände sind lokker oder sehr dicht aus 18 bis 30 Einzelblüten zusammengesetzt. Leuchtende Farben, aber auch Pastelltöne, in Rot, Rosa, Orange, Gelb und Weiß, zum Teil mit Zeichnungen, sind dominierend. Ihre Hauptblüte liegt zwischen Mitte Mai und Anfang/Mitte Juni. Überwiegend wachsen sie kräftig aufrecht und erreichen im Alter Höhen von 1,5 bis 2 m. Entsprechend sind sie besonders gut für Parks, Grünanlagen und größere Gärten geeignet.

Im September/Oktober nehmen bei einem Teil dieser Sorten die Blätter vor dem Abwurf leuchtend rötliche Farbtöne an. Sie sind vollkommen winterhart, robust und widerstandsfähig. Sie tolerieren auch Standorte, die für Rhododendron weniger geeignet sind. Von den Gruppen der laubabwerfenden Azaleen haben die Knap Hill-Hybriden die größte Bedeutung. Inzwischen sind mehr als 600 Sorten bekannnt.

'Berryrose'

Grundfarbe: Rosa
Gruppe: Knap Hill-Hybride

Lionel de Rothschild ist der Züchter dieser vor 1934 in England entstandenen Sorte. Ihre 5 bis 8 cm großen Blüten sind rosa mit einem gelben Fleck im Inneren. Von der letzten Mai- bis zur zweiten Juniwoche öffnen sich die aus 10 bis 14 Blüten bestehenden Stutze, die einen zarten Duft verbreiten. 'Berryrose' ist eine breit aufrecht wachsende Hybride, die etwa 1,2 bis 1,5 m hoch wird. Dekorativ ist neben der schönen Blüte auch

Die Blüten der Sorte 'Gibraltar' besitzen eine außergewöhnliche Leuchtkraft.

die braunrötliche Belaubung während des Austriebs. Sie zählt zu den winterharten, über Jahrzehnte bewährten Sorten.

'Cecile'

Grundfarbe: Rosa
Gruppe: Knap Hill-Hybride

Von Ende Mai bis Mitte Juni öffnet 'Cecile' ihre recht großen Einzelblüten (8 bis 10 cm im Durchmesser), die zu jeweils 8 bis 11 einen geschlossenen Blütenstand bilden. Ihre Grundfarbe ist lachsrosa mit einem gelben Fleck auf dem oberen Blütenabschnitt. Sie ist 1947 in England entstanden und erhielt hier 1968 eine beachtenswerte Auszeichnung (A.G.M.) für ihren Gartenwert. 'Cecile' wächst breit aufrecht bis 2 m hoch. Die jungen Blätter sind während des Austriebs schwach braun getönt. Es ist eine über Jahrzehnte bewährte, vollkommen winterharte Sorte. Wegen ihrer Wuchshöhe im Alter ist sie besonders gut für Parks, Grünanlagen und größere Gärten – in Einzelstellung oder auch als Gruppe – geeignet.

'Fireball'

Grundfarbe: Rot
Gruppe: Knap Hill-Hybride

Von Ende Mai bis Mitte Juni blüht diese 1951 in England entstandene Sorte. Sie wächst aufrecht, bis 2 m hoch. Die 4 bis 6 cm großen Blüten sind tiefrot gefärbt, mit einer leichten orangefarbenen Tönung. Sowohl das rötliche Laub während des Austriebes als auch die bronzene Herbstfärbung der Blätter sorgen im Rhododendrongarten für Abwechslung.

'Gibraltar'

Grundfarbe: Orange
Gruppe: Knap Hill-Azalee

'Gibraltar' ist eine der besten und bekanntesten Knap Hill-Hybriden. Ihre Blüten besitzen eine außergewöhnliche Leuchtkraft. Glühend orange, später rotorange sind die 5 bis 7 cm großen Blüten mit ihrem hübsch gekräuselten Saum und einem dunklen Fleck in orange. Jeweils 8 bis 15 von ihnen bilden runde, kompakte Blütenbälle, die von Ende Mai bis um den 10. Juni erblühen. 'Gibraltar' wächst breit aufrecht und kompakt und erreicht Höhen von 1,5 bis 2,0 m. Im Austrieb fallen die bräunlich getönten Blätter auf. Diese vollkommen winterharte Hybride ist 1947 in England entstanden.

'Golden Sunset'

Grundfarbe: Gelb
Gruppe: Knap Hill-Azalee

Während des Austriebes sind die sonst dunkelgrünen Blätter zunächst leicht bräunlich gefärbt. 'Golden Sunset' ist eine vor 1948 in England entstandene Sorte mit hellgelben Blüten. In ihnen hebt sich ein orangefarbener Fleck ab. Mit bis zu 9 cm Blütendurchmesser gehört sie zu den großblütigen Knap Hill-Hybriden. Ihre Blütezeit erstreckt sich von Ende Mai bis Mitte Juni. Im Alter erreicht sie mit ihrem breit aufrechten etwas lockeren Wuchs Höhen von 1,5 bis 1,8 m.

Oben: Die Blüten von 'Homebush' sind halbgefüllt.

Unten: 'Klondyke' überzeugt durch einen braunroten Austrieb, orangegelbe Blüten und eine tiefbronzefarbene Herbstfärbung.

'Homebush'

Grundfarbe: Rosa
Gruppe: Knap Hill-Azalee

Vor 1925 ist 'Homebush' in England entstanden. Ihr Wuchs ist aufrecht und geschlossen, 1,5 bis 2 m Höhe erreichend. Es ist eine schöne Liebhabersorte mit 3 bis 4 cm großen halbgefüllten Blüten in einem leuchtenden Reinrosa. Bis zu 23 Einzelblüten enthalten die kompakten ballförmigen Blütenstände, die ab Ende Mai bis Mitte Juni aufblühen. Diese Hybride ist vollkommen winterhart. 'Homebush' eignet sich auch gut als Treibsorte und hält gut die Farbe.

'Klondyke'

Grundfarbe: Gelb
Gruppe: Knap Hill-Azalee

'Klondyke' wächst breit aufrecht und ähnlich stark wie die anderen Hybriden dieser Gruppe. Sie wird 1,5 bis 1,8 m hoch. Es ist eine vollkommen winterharte Sorte, die 1947 in England entstanden ist. Orangegelbe Blüten mit einem Durchmesser von 6 bis 8 cm erscheinen von Ende Mai bis Mitte Juni. Der braunrote Austrieb und die sehr schöne tiefbronzene Herbstfärbung des Laubes sorgen für weitere Farbakzente.

Eine der bekanntesten Knap Hill-Azaleen ist ‘Persil’, deren weiße Blüten sich mit einem zusätzlichen gelben Fleck auf dem obersten Blütenblatt schmücken.

‘Persil’

Grundfarbe: Weiß
Gruppe: Knap Hill-Azalee

Es ist wohl die bei uns bekannteste und am weitesten verbreitete Sorte in weiß. Sie ist vor 1926 in England entstanden. Reinweiß mit gelbem Fleck auf dem oberen Blütenblatt sind die bis zu 7 cm großen Blüten, deren Saum leicht gewellt ist. Sie erscheinen in der letzten Maiwoche. ‘Persil’ erreicht Höhen zwischen 1,5 bis 1,8 m bei breit aufrechtem Wuchs.

‘Royal Command’

Grundfarbe: Rot
Gruppe: Knap Hill-Azalee

Breit aufrecht und zuweilen etwas unregelmäßig wachsend, erreicht diese Hybride etwa 2 m Höhe. Ihr Austrieb ist leicht braun getönt, bronzefarben ist die Laubausfärbung im Herbst. ‘Royal Command’ ist vor 1958 in England entstanden. Sie blüht von Ende Mai bis Mitte Juni. Ihre 4 bis 5 cm großen zinoberroten Blüten stehen zu 9 bis 14 Stück in kompakten Ständen. Diese Sorte hat sich bei uns seit vielen Jahren bewährt.

Mollis-Hybriden

In der Gruppe der Mollis-Hybriden sind Sorten vertreten, die aus Kreuzungen zwischen dem in Japan wachsenden *R. japonicum* (wird in den Baumschulkatalogen überwiegend als *Azalea mollis* bezeichnet) und dem aus China stammenden *R. molle* (früher als *Azalea sinensis* bezeichnet) stammen. Weiterhin gehören in diese Gruppe die Mollis × Sinensis-Hybriden, die in der Regel wuchskräftiger und robuster als viele Mollis-Sorten sind.

Von den Baumschulen werden Mollis-Sämlinge (= *R. japonicum*) ohne Farbangabe (Farbvariationen: gelb, orange, rosa, rot) bzw. Mollis × Sinensis-Sämlinge mit Farbangabe neben veredelten Sorten angeboten. Die Züchtung begann nach 1861 in Holland und Belgien, 1873 wurden die ersten Sorten herausgebracht. Mollis-Hybriden wachsen aufrecht bis breit aufrecht und erreichen im Alter um 1,5 m Höhe. Die Hauptblüte erstreckt sich von Mitte bis Ende Mai. Ihre Blüten sind mittelgroß bis groß. Die Blütenform ist breit trichterförmig. Frisch und intensiv leuchtend sind ihre Blütenfarben. Im Herbst, kurz vor dem Laubabwurf, dominieren dann die in gelben und roten Farbtönen leuchtenden Blätter im Garten. Sie sind vollkommen winterhart.

Besonders gut kommen Mollis-Hybriden wegen ihrer leuchtenden Blütenfarben vor einem dunklen Hintergrund zur Geltung. Sie vertragen recht gut Unterpflanzungen mit anderen Kleingehölzen oder Stauden.

‘Apple Blossom’

Grundfarbe: Rosa
Gruppe: Mollis-Hybride

Mollis-Hybriden kommen am besten vor einem dunklen Hintergrund zur Geltung. Hier die Sorte 'Apple Blossom'.

Von der letzten Maiwoche bis zur ersten Juniwoche öffnet 'Apple Blossom' ihre lachsrosa gefärbten Blüten mit einer goldgelben Zeichnung im Inneren. Sie gehört zu den überaus reich blühenden Sorten, die sich auch für die Treiberei eignet. Ihr Wuchs ist kompakt aufrecht, bis 1,5 m Höhe erreichend.

'Koster's Brilliant Red'

Grundfarbe: Rot
Gruppe: Mollis-Hybride

Die Leuchtkraft der orangeroten Blüten mit dunkler Zeichnung ist außergewöhnlich groß. Um Mitte Mai beginnt die Blütezeit. Besonders schön wirkt diese Sorte als kontrastreiche Vorpflanze vor dunklem Hintergrund. Sie wird bis 1,5 m hoch. 'Koster's Brilliant Red' ist um 1918 in Holland enstanden.

'Winston Churchill'

Grundfarbe: Rot
Gruppe: Mollis-Hybride

Von Mitte bis Ende Mai erscheinen ihre 5 bis 7 cm großen Blüten. Sie sind leuchtend orangerot mit orangefarbener Zeichnung. Jeweils 7 bis 13 Blüten von hohem Schmuckwert sind in kompakten, runden Blütenständen angeordnet. 'Winston Churchill' wächst breit aufrecht und erreicht im Alter bis etwa 2 m Höhe.

Genter-Hybriden

Die Genter Hybriden sind auch als Pontica-Hybriden oder Luteum-Hybriden bekannt. Die Züchtung bei dieser Azaleengruppe begann um 1825 in Gent (Belgien) mit *R. luteum* (syn. *Azalea pontica*). 1837 waren bereits 107 Sorten bekannt.

Die Blüten der Genter-Hybriden sind verhältnismäßig klein, sie weisen aber eine recht breite Farbpalette von hellgelb bis dunkelrot auf bei sehr guter Blühwilligkeit. Die Hauptblütezeit erstreckt sich von Mitte Mai bis zum ersten Junidrittel und liegt etwas später als die der Mollis-Hybriden. Unter den zumeist einfach blühenden Sorten sind auch einige mit

'Coccinea Speciosa' ist bereits 1836 in Belgien entstanden und überzeugt durch ihre überreiche Blütenfülle. Sie gehört zu den Genter-Hybriden.

gefüllten Blüten und solche, die angenehm duften. Die Blütenform ist trompetenartig mit einer ziemlich langen Röhre. Sie sind absolut winterhart und kräftig aufrecht wachsend. So erreichen sie im Alter Wuchshöhen von 2 bis 3 m und werden auch ziemlich breit.

Wegen der leuchtenden Blütenfarben sind Pflanzungen vor dunklem Hintergrund besonders reizvoll.

'Coccinea Speciosa'

Grundfarbe: Orange
Gruppe: Genter-Hybride

Nur 4 bis 4,5 cm messen die Einzelblüten von 'Coccinea Speciosa'. Sie erscheinen aber in einer solchen Fülle von Ende Mai bis Mitte Juni, daß die dunkelorangen Blüten mit einem orangegelben Fleck eine gute Fernwirkung entfalten. Auffällig sind auch die roten Staubblätter, die weit aus dem Blüteninneren herausragen. Im Kontrast hierzu stehen die dunkelgrünen Blätter. 'Coccinea Speciosa' ist eine sehr schöne alte Sorte, die bereits vor 1836 in Belgien entstanden ist. Sie wächst breit aufrecht, oft etwas etagenförmig und wird um 2 m hoch. 1968 wurde sie in England mit einem A.G.M. ausgezeichnet.

'Daviesii'

Grundfarbe: Weiß
Gruppe: Genter-Hybride

Seit über 120 Jahren existiert diese breit aufrecht wachsende, bis 2 m Höhe erreichende Hybride. Ein zarter Duft entströmt um Mai/Juni den cremeweißen Blüten mit gelber Zeichnung im Inneren. Sie erscheinen in großer Zahl, wobei jeweils 5 bis 12 von ihnen in lockeren Blütenständen zusammen stehen. Besonders vor dunklem Hintergrund sind diese sehr wirkungsvoll. Nach der Blüte erscheinen die zart grünen Blättchen mit einem rötlichen Schimmer. 'Daviesii' ist vollkommen winterhart.

'Pallas'

Grundfarbe: Rosa
Gruppe: Genter-Hybride

Die vor 1875 entstandene 'Pallas' gehört zu den altbewährten Sorten. Sie wächst breit aufrecht, bis 1,8 m hoch. Im Herbst leuchtet ihr Laub in roten und bronzenen Farbtönen. Von Mitte Mai bis Anfang Juni erscheinen die rosaroten bis 5,5 cm großen Blüten, die einen gelben Fleck aufweisen. 'Pallas' ist vollkommen winterhart.

'Pucella'

syn. 'Fanny'
Grundfarbe: Rosa
Gruppe: Genter-Hybride

Die Blütezeit dieser Hybride ist von Ende Mai bis Mitte Juni. Ihre Blütenfarbe ist rosa mit einer gelben Zeichnung. Sie gehört zu den äußerst reichblühenden Sorten innerhalb der Genter-Hybriden und hat sich über Jahrzehnte immer wieder bewährt.

Etwas kleiner als die Genter-Hybriden bleiben die Rustica-Hybriden. Die Blüten von 'Velasquez' sind gefüllt.

Rustica-Hybriden

Wuchs, Blüte und Blütezeit erinnern bei diesen Azaleen an die Genter-Hybriden, mit denen sie nahe verwandt sind. Das besondere Kennzeichen der Rustica-Hybriden (auch als R.-Mixtum-Hybriden bekannt) sind die gefüllten Blüten, die sich von Anfang bis Ende Mai öffnen. Auch ihre Farbpalette ist recht groß, von hellgelb bis dunkelrot. Von den Genter-Hybriden unterscheiden sie sich durch ihren gedrungeneren, niedrigeren Wuchs, weshalb sie gerade auch für kleine Gärten besonders wertvoll und empfehlenswert sind.

Die Züchtung begann um 1880 in Belgien, 1890 wurden die ersten Rustica-Sorten angeboten.

'Freya'

Grundfarbe: Gelb
Gruppe: Rustica-Hybride

Gefüllte Blüten in Gelb, leicht rosa getönt, sind die Kennzeichen dieser aus Belgien stammenden Hybride. Von Mitte bis Ende Mai blüht sie. 'Freya' wächst aufrecht und erreicht im Alter etwa 1,5 m Höhe.

'Phidias'

Grundfarbe: Gelb
Gruppe: Rustica-Hybride

Oft bereits vor Mitte Mai blüht diese Rustica-Hybride. Ihre Blüten sind hellgelborange, während die Spitzen der Blütenblätter rosa getönt sind. Außerdem sind sie vollkommen gefüllt. Besonders gut kommt 'Phidias' vor dunklem Hintergrund zur Wirkung.

'Velasquez'

Grundfarbe: Weiß
Gruppe: Rustica-Hybride

Von Mitte bis Ende Mai blüht diese Rustica-Hybride in rahmweiß mit einem zarten rosa Hauch, wobei die Blüten gefüllt sind. Ihr Wuchs ist gedrungen, bis etwa 1,5 m hoch werdend. Es ist also eine Sorte, die gut in kleineren Gärten Verwendung finden kann.

Typisch für die Occidentalis-Hybriden ist ihr angenehmer Duft. 'Pink Cloud' wird über 2 m hoch.

Occidentalis-Hybriden

Von der Wildart *R. occidentale* haben Sorten dieser Gruppe den dekorativen gelben Fleck im Blüteninneren und den angenehmen Duft als Charakteristikum geerbt. Ihre Blüten sind mit 5 bis 10 cm Durchmesser recht groß, wobei die Blütenkronen weit geöffnet sind. Die Hauptblüte liegt zwischen Mitte Mai und Anfang Juni. Zierlich sind die weißen bis rosafarbenen Blüten, die oft auch in zarten Pastellfarben leuchten. Die vielen Einzelblüten, die dicht gedrängt in relativ großen Stutzen stehen, entwickeln eine erstaunliche Fernwirkung.

Occidentalis-Hybriden sind recht gute Wachser, die im Alter bis 2,5 m hoch werden. Alle zeichnen sich durch sehr gute Winterhärte aus. Schwerpunkte der Züchtung lagen ab 1864 in England, später ab 1901 auch in Holland.

'Exquisita'

Grundfarbe: Weiß
Gruppe: Occidentalis-Hybride

Im Mai/Juni entströmt den rahmweißen Blüten dieser Sorte ein zarter Duft. Die Blütenaußenseite ist leicht rosa getönt, im Blüteninneren hebt sich eine gelborangene Zeichnung ab, während der Saum leicht gekräuselt ist. 'Exquisita' wächst breit aufrecht, 2 bis 2,5 m hoch. 1901 in Holland entstanden, wurde ihr 1968 ein First Class Certificate (F.C.C.) in England verliehen.

'Irene Koster'

Grundfarbe: Rosa
Gruppe: Occidentalis-Hybride

Während der Blütezeit im letzten Maidrittel bis Anfang Juni entströmt den rosafarbigen Blüten mit gelboranger Zeichnung ein angenehmer Duft. Ihr Durchmesser beträgt bis 5 cm. Bis zu 19 Einzelblüten bilden einen kompakten Blütenstand. 'Irene Koster', in Holland entstanden, wächst breitrund, bis 2,5 m hoch.

'Pink Cloud'

Grundfarbe: Rosa
Gruppe: Occidentalis-Hybride

'Pink Cloud' ist eine recht großblumige Hybride. Ihre Blüten sind weit geöffnet, zum Teil über 8 cm im Durchmesser. Die Hauptblütezeit liegt um Anfang Juni. Sie ist gut winterhart und erreicht bis über 2 m Höhe.

Azaleen-Wildarten

R. albrechtii

syn. *Azalea albrechtii*
Grundfarbe: Rosa
Gruppe: Wildart

Leuchtend purpurrosa mit grünlich-gelber Zeichnung sind die 3 bis 4 cm großen Blüten, die von Mitte April bis zur zweiten Maiwoche aufblühen. Sie erscheinen überwiegend noch vor dem Laubaustrieb und präsentieren sich dann mit jeweils 3 bis 4 Blüten an den Triebenden. *R. albrechtii* wächst am Heimatstandort in Mittel- und Nordjapan in Dickichten und Wäldern bis 1.000 m Höhe. Der Habitus ist aufrecht, etwas locker. Ältere Pflanzen erreichen Wuchshöhen um 2 m. Auffallend ist im September/Oktober die leuchtendgelbe Färbung des Laubes vor dem Blattfall. Wegen des frühen Blühtermins und der schönen Herbstfärbung ist diese Wildart besonders zu empfehlen. Sie ist anspruchslos und gut winterhart.

R. luteum

syn. *Azalea pontica*
Grundfarbe: Gelb
Gruppe: Wildart

Noch heute wird *R. luteum* unter Gärtnern als Pontische Azalee bezeichnet. Ihre Verbreitung erstreckt sich vom Kaukasus bis in die Türkei. Hier wächst sie bevorzugt in lichten Wäldern oder in offener Lage bis 2.500 m hoch. Von Mitte bis Ende Mai öffnen sich die 3 bis 6 cm großen goldgelben Blüten, die zu 9 bis 15 in lockeren Ständen stehen. Ihnen entströmt ein ausgesprochen starker Duft, der auch aus größerer Entfernung wahrzunehmen ist. *R. luteum* wächst breit aufrecht, 3 bis 4 m hoch, dicht verzweigt und bildet Ausläufer, die auch zur Vermehrung genutzt werden können. Diese Art ist recht robust und verträgt auch etwas trockenere und wärmere Standorte. Prachtvoll ist im Herbst die Laubverfärbung in roten bis orangenen Farbtönen. Besonders gut ist sie für weiträumige Landschaftsparks geeignet.

Auch *R. luteum* duftet stark und angenehm. Die robuste Art verträgt auch trockenere und wärmere Standorte.

R. occidentale

Grundfarbe: Rosa
Gruppe: Wildart

In den westlichen USA kommt *R. occidentale* als Unterholz in Nadelwäldern auf feuchten, humosen Standorten bis in

Der natürliche Charme der Wildarten paßt gut in naturnahe Gärten. *R. reticulatum* ist sehr robust und eine ideale Gartenpflanze.

R. vaseyi blüht früh, wächst breit aufrecht und unregelmäßig verzweigt.

2.700 m Höhe vor. Wegen der späten Blüte von Ende Mai bis ins zweite Junidrittel und der wunderschönen Herbstfärbung mit gelben bis karminroten Blättern ist diese Art besonders wertvoll. Die Blütenfarbe variiert recht stark von rosa bis weiß, mit gelbem Fleck. Ihre bis 6,5 cm langen röhrigen Blüten duften sehr angenehm süßlich. Es ist ein aufrecht wachsender Strauch, der in der Heimat bis 7 m Höhe erreicht, bei uns aber nur um 1,5 bis 2 m hoch wird. *R. occidentale*, winterhart und sehr reich blühend, ist besonders gut auch für feuchtere Standorte geeignet.

R. reticulatum

Grundfarbe: Lila
Gruppe: Wildart

Diese Wildart wächst in den Gebirgswäldern Japans bis 1.800 m Höhe auf Böden vulkanischen Ursprungs. Bereits Ende April bis Anfang Mai öffnet sie ihre hell-lila bis lilarosa gefärbten 2,5 bis 5,0 cm großen Blüten noch vor dem Laubaustrieb. Straff aufrecht wachsend erreicht *R. reticulatum* bei uns Höhen um 1,5 m, in der Heimat hingegen etwa 5 m. Sehr schön ist im Herbst die Färbung der dunkelroten Blätter. Diese Wildart blüht und wächst recht gut auch in sonniger Lage. Sie stellt keine besonderen Ansprüche, ist robust und daher eine ideale Pflanze für Anfänger.

R. schlippenbachii

Grundfarbe: Rosa
Gruppe: Wildart

Diese Wildart ist von Sibirien, Nordost-China, Korea bis nach Japan verbreitet. Hier wächst sie in lichten Wäldern und an trockenen, steinigen Hängen. Zwischen Mitte April bis Mitte Mai öffnet sie ihre hell- bis dunkelrosa gefärbten Blüten, die mit 6 bis 7 cm im Durchmesser verhältnismäßig groß sind. Im Schlund befindet sich eine Punktierung. *R. schlippenbachii* bildet dicht und regelmäßig verzweigte breit aufrechte Pflanzen, die 1,5 bis 2 m hoch werden und verträgt auch sonnige und etwas trocknere Standorte. Es ist eine der schönsten Azaleen aus der Gruppe der Wildarten, deren Belaubung im Herbst in gelben bis karminroten Farbtönen leuchtet.

R. vaseyi

syn. *Azalea vaseyi*
Grundfarbe: Rosa
Gruppe: Wildart

R. vaseyi wächst im westlichen North-Carolina in den USA auf steinigen Berghängen bis in Höhen von 1.500 m. Von Ende April bis Ende Mai entfalten sich die hell- bis dunkelrosa gefärbten, 3 bis 5 cm großen Blüten noch vor dem Laubaustrieb. Im Blüteninneren befindet sich eine rötliche bis grünliche Zeichnung. Auffallend weit ragen lange Staubgefäße aus den Blüten. Breit aufrecht und unregelmäßig verzweigt erreicht diese Wildart bis zu 2 m Höhe. Sie stellt keine großen Ansprüche an den Standort, ist robust und winterhart. *R. vaseyi* ist eine der besten zu den Azaleen zählenden Wildarten. Etwas geschützte Standorte sollten wegen der frühen Blüte gewählt werden.

Wintergrüne Azaleen

Japanische Azaleen

Unter der Bezeichnung Japanische Azaleen wird im deutschen Sprachgebrauch eine große Vielfalt an Sorten zusammengefaßt, die je nach ihrer Abstammung und Herkunft in zahlreiche Gruppen unterteilt werden. Japanische Azaleen sind durch Kreuzung einer größeren Zahl von in Japan beheimateten Wildarten entstanden. In dieser Hybridengruppe sind die ältesten Rhododendronzüchtungen überhaupt zu finden. So waren Sorten bereits vor 400 Jahren in Japan bekannt und befanden sich hier in Kultur. Gemeinsam ist den Japanischen Azaleen, daß sie alle recht ähnliche Ansprüche an die Standortbedingungen und das Klima stellen. Es sind niedrig- und dichtbuschigwachsende Azaleen, die selten über 1 m Höhe erreichen und mehr breit als hoch wachsen. Kaum zu übertreffen ist ihre enorme Reichblütigkeit und die breite Palette ihrer Blütenfarben von Weiß bis Violett. In den Baumschulen werden großblumige Sorten (Blüten größer als 50 mm) und kleinblumige Sorten (Blüten kleiner als 50 mm) unterschieden.

Während der Winterzeit behalten sie im Gegensatz zu den sommergrünen Azaleen einen mehr oder weniger großen Teil der Blätter.

Japanische Azaleen bilden ein besonders flaches Wurzelsystem aus, daher bevorzugen sie Standorte mit gleichbleibender Bodenfeuchtigkeit, möglichst etwas geschützt im lichten Schatten. Warme und trockene Südseiten in der Nähe von Gebäuden sollten unbedingt gemieden werden, es sei denn, daß für regelmäßige Bewässerung gesorgt wird.

Japanische Azaleen sind wintergrün und wachsen dichtbuschig, selten werden sie höher als 1 m.

Japanische Azaleen sind zum Teil weniger winterhart als die übrigen Azaleen, doch es gibt auch zahlreiche harte Sorten. Zum Schutz vor der Wintersonne und austrocknenden Ostwinden ist insbesondere bei den jüngeren Pflanzen eine leichte Abdeckung mit z.B. Fichtenzweigen sinnvoll. Allgemein sind Japanische Azaleen ideale Gartenpflanzen. Sie haben eine ganz besondere Bedeutung für alle kleinen Gartenräume wie Stein- und Heidegärten. Prächtig wachsen sie aber auch in Balkonkästen, Pflanzgefäßen und Kübeln.

'Blaauw's Pink'

Grundfarbe: Rosa
Gruppe: Japanische Azalee

Die mittelgroßen Blüten dieser Sorte von ungefähr 4 cm Durchmesser fallen durch ihre Doppelblüten (hose in hose) in lachsrosa auf. Um Mitte Mai liegt der Blühbeginn. 'Blaauw's Pink' wurde 1953 in Holland in den Handel gegeben. Es ist eine gute, zuverlässige Treibsorte, die ab Januar warm gestellt werden kann. Sie wächst breit aufrecht und ist dicht verzweigt.

'Blue Danube'

syn. 'Blaue Donau'
Grundfarbe: Violett
Gruppe: Japanische Azalee

Im deutschen Sprachgebrauch hat sich für diese Sorte inzwischen der Name 'Blaue Donau' eingebürgert. Sie gehört zu den großblumigen Sorten. Ihre Blütenfarbe ist dunkelviolett mit einer schwachen roten Zeichnung. Sehr apart wirkt zusätzlich der gewellte Saum der bis 5,5 cm großen Einzelblüten, die sich Ende Mai/Anfang Juni öffnen. Im Handel ist sie seit 1970. 1972 wurde ihr bereits die höchste Auszeichnung, das F.C.C. für die ausgezeichneten Eigenschaften zuteil. 'Blue Danube' wächst breit aufrecht und erreicht Höhen zwischen 0,9 bis 1,2 m.

'Diamant Rot' gehört zu den Diamantazaleen, die im Winter fast ganz belaubt bleiben.

'Diamant'

Lizenzsorte
Grundfarbe: unterschiedlich, Sorten in verschiedenen Farben
Gruppe: Japanische Azalee

Diamantazaleen wurden 1969 in sieben Farbvarianten (Blütenfarben: Dunkellila, Hellila, Lachsfarben, Lachsviolett, Purpur, Rosa und Rot) von dem Züchter C. Fleischmann in den Handel gegeben. Die Farbpalette wurde 1979 von E.A. Stöckmann mit einer weißen Sorte ergänzt. Alle sind geschützt, auch der Nachbau für den eigenen Bedarf ist verboten. Im Gegensatz zu den anderen Japanischen Azaleen überstehen diese Hybriden den Winter im fast vollbelaubten Zustand. Sie wachsen niedrig kompakt, mehr breit als hoch. Von der letzten Maiwoche bis ins erste Junidrittel öffnen sie ihre um 3 cm großen Blüten, die einzeln oder bis zu vieren fast an jedem Kurztrieb sitzen und so einen geschlossenen Blütenschirm bilden. Dabei sind die Blüten regen- und sonnenfest.

'Georg Arends'

Grundfarbe: Rot
Gruppe: Japanische Azalee

Innerhalb der Sortengruppe der Japanischen Azaleen hat 'Georg Arends' außergewöhnlich große Blüten mit 6,5 bis 7,5 cm Durchmesser. Von ihrem Züchter U. Schumacher wurde sie 1971 eingeführt. Vom letzten Mai- bis zum ersten Junidrittel öffnen sich die intensiv rosarot gefärbten Blüten mit einer kräftig braunen Zeichnung im Inneren. Diese stehen meistens zu 2 bis 3 zusammen. Der Wuchs ist aufrecht bis breit aufrecht, zuweilen auch etwas locker im Aufbau.

'Hatsugiri'

Grundfarbe: Violett
Gruppe: Japanische Azalee

Diese Sorte wurde aus Japan eingeführt. Es ist eine kleinblumige Hybride, deren purpurviolette Blüten lediglich Durchmesser um 2,5 cm aufweisen. Von Anfang bis Mitte Mai blüht sie aber in einer solchen Fülle, daß sie noch eine recht gute Fernwirkung entwickelt. Sehr dicht wächst sie mit feinen Trieben und wird dabei 0,7 bis 1,0 m hoch. 'Hatsugiri' ist eine der bekanntesten älteren Sorten. Für ihre guten Eigenschaften wurde sie 1969 in England mit einem F.C.C. ausgezeichnet.

'Kermesina', 'Kermesina Rosé', 'Kermesina Alba'

Grundfarbe: Weiß, Rosa
Gruppe: Japanische Azaleen

Von der rosa Ursprungssorte, die um 1955 von der Baumschule E. Stöckmann eingeführt wurde, sind inzwischen verschiedene Farbmutanten entstanden: 'Kermesina Rosé', eine rosablütige mit weißem Saum und schwach roter Zeichnung sowie 'Kermesina Alba', eine reinweiße Sorte mit auffallend schwarzen Staubgefäßen. Es sind alles kleinblumige

Azaleen, deren Blütendurchmesser maximal 3 cm beträgt. Vom letzten Maidrittel bis zur ersten Juniwoche blühen sie. Im Winter behalten sie einen großen Teil des Laubes. Als ältere Pflanzen erreichen sie Wuchshöhen um 0,6 m bei doppelter Breite.

'Madame Albert van Hecke'

Grundfarbe: Rosa
Gruppe: Japanische Azalee

Bei einem Blütendurchmesser von 2 bis 3 cm zählt sie zu den kleinblumigen Japanischen Azaleen. Die Züchtung entstand um 1960 in Belgien. Von der dritten Mai- bis zur ersten Juniwoche sind die hellrosa Blüten, die außen etwas dunkler gefärbt sind, geöffnet. Ihr Wuchs ist breit aufrecht und kompakt, im Alter bis 1,2 m Höhe erreichend.

'Muttertag'

Grundfarbe: Rot
Gruppe: Japanische Azalee

'Muttertag', im englischen Sprachraum als 'Mother's Day' bezeichnet, stammt aus Belgien. Es ist eine in England bereits verschiedentlich ausgezeichnete (1968 A.G.M., 1970 F.C.C.) Sorte, die von Mitte Mai bis Anfang Juni blüht. Bis zu 5,5 cm groß sind die karminroten Blüten mit einer schwachen bräunlichen Zeichnung. Zuweilen sind sie auch leicht gefüllt. Breit kompakt wächst 'Muttertag', die bis 1 m hoch wird. Die Winterhärte ist nur mäßig, daher ist ein leichter Winterschutz erforderlich.

'Satschiko'

syn. 'Geisha Orangerot'
Grundfarbe: Rot
Gruppe: Japanische Azalee

'Satschiko' ist eine Züchtung aus dem Betrieb Georg Arends in Wuppertal-Ronsdorf, eigentlicher Züchter ist jedoch Werner Arends. Sie zeichnet sich durch eine dicht kompakte Wuchsform aus, bleibt niedrig und hält das Laub gut. Zehnjährige Pflanzen erreichen ungefähr 35 cm Höhe bei 70 cm Breite. In der letzten Maiwoche setzt die Blütezeit ein, die um den 10. Juni endet. Die rein orangeroten sehr leuchtkräftigen 3 bis 3,5 cm großen Blüten stehen zu je 2 bis 3 zusammen. 'Satschiko' besitzt eine vorzügliche Winterhärte, sie verträgt nämlich bis −26 °C und ist aufgrund ihrer guten Eigenschaften sehr zu empfehlen.

'Schneeglanz'

Grundfarbe: Weiß
Gruppe: Japanische Azalee

Reinweiß mit grüngelber Zeichnung, der Blütensaum leicht gewellt, so erscheinen von Mitte bis Ende Mai die bis 5 cm großen Blüten der Sorte 'Schneeglanz'. Sie stammt von H. Hachmann, der sie 1978 in den Markt gab. Ihr Wuchs ist breit aufrecht, etwas locker, 10jährige Pflanzen erreichen Wuchshöhen von 0,7 m bei 1,2 m Breite. Diese Hybride ist gut winterhart und regelmäßig reichblühend. Ihre Belaubung ist hellgrün und wird im Winter oft vollkommen abgeworfen, ungeachtet dieser Tatsache blüht 'Schneeglanz' immer voll.

'Vuyk's Scarlet'

Grundfarbe: Rot
Gruppe: Japanische Azalee

Leuchtend dunkelrot sind die bis 6,5 cm großen Blüten gefärbt. Die Hauptblüte liegt zwischen der zweiten Maiwoche bis Anfang Juni. Der Blütensaum ist gewellt, im Blüteninneren befindet sich eine schwach bräunliche Zeichnung. 'Vuyk's Scarlet' wächst breit-flach bis 0,5 m hoch und wird mehr als doppelt so breit. Ihre Winterhärte befriedigt nur, daher sollten geschützte Standorte gewählt oder geeignete Schutzmaßnahmen ergriffen werden. In England erhielt sie bereits alle höchsten Auszeichnungen (A.G.M., F.C.C.).

'Kermesina' (oben) und 'Madame Albert van Hecke' (Mitte) gehören zu den kleinblumigen Azaleen. Die Sorte 'Muttertag' (unten) ist dankbar für einen ausreichenden Winterschutz.

Die Wachstumsbedingungen im Garten

Böden für Rhododendron

Für Rhododendron geeignete Böden sind sauer bis mäßig sauer (pH 4,0–5,5); sie sind humusreich und wasserdurchlässig und sie enthalten viel Bodenluft. Diese Eigenschaften besitzen Moorböden bzw. Hochmoore nach der Entwässerung. Sie sind recht gute Standorte für »Alpenrosen«. Hier werden in den Baumschulen Norddeutschlands viele Pflanzen dieser Gattung angezogen.

Gut geeignet sind auch leichtere Sandböden, die allerdings von Natur aus humusarm sind und nur wenig Wasser bzw. Nährstoffe speichern können. Um diese Nachteile zu beheben, sollten sie mit organischem Material wie Rindenhumus, Grüngutkompost oder Torf angereichert werden. In Trockenzeiten muß allerdings wiederholt und durchdringend gegossen werden, um die mangelnde Wasserspeicherfähigkeit auszugleichen. Als Dünger sind hier bevorzugt organische Formulierungen oder Dauerdünger einzusetzen, die ihre Nährstoffe nur langsam abgeben.

Sandige Lehmböden mit pH-Werten unterhalb von pH 6 bereiten bei guter Wasserdurchlässigkeit ebenfalls keine größeren Probleme. Sie halten Wasser und Nährstoffe besser fest als Sandböden, neigen aber oft zur Verschlämmung und Verdichtung. Bei Einarbeitung von organischem Material, das für eine gute Krümelstruktur sorgt, können sich hier Rhododendron durchaus gut entwickeln.

Problematisch wird es hingegen bei schweren Böden, den Lehm- oder gar Tonböden. Überwiegend ist der pH-Wert sehr hoch und liegt über dem Neutralbereich von pH 7. Bei dichter Lagerung ist für die feinen Rhododendronwurzeln nur wenig Luft vorhanden, in nassen Perioden halten sie zuviel Wasser zurück. Solche Böden können nur nach umfangreichen Verbesserungsmaßnahmen (Einarbeitung erheblicher saurer Humusmengen, Erhöhung der Dränfähigkeit u.a.) mit Rhododendron bepflanzt werden. Oft reicht es nicht aus, diese Maßnahmen auf das Pflanzloch zu begrenzen, denn nach nur wenigen Jahren würden die Pflanzen mit Wachstumsdepressionen reagieren.

Böden mit hohem Kalkgehalt bzw. Kalkgestein in tieferen Schichten sind für die meisten Rhododendron ungeeignet. Auf ihnen kommt es zu Chlorosen (Blattaufhellungen) und Kümmerwuchs. Nur in einer ausreichend starken Humuslage auf dem Boden (40–60 cm hoch) ist eine Rhododendronkultur denkbar, wenn gleichzeitig genügend weiches Gießwasser (Regenwasser) für die Sommermonate zur Verfügung steht.

Es ist aber damit zu rechnen, daß immer wieder kalkhaltiges Bodenwasser in den Wurzelraum der Pflanzen gelangt, was mit der Zeit zu Schäden führt. Bevorzugt sollten dann Arten und Sorten ausgewählt werden, die etwas höhere pH-Werte noch tolerieren (siehe auch Seite 12).

Die Niederschläge während eines Jahres sind nicht immer gleichmäßig über die Monate verteilt. Oft herrschen gerade während der Blütezeit oder des Austriebes, dem Zeitpunkt des höchsten Wasserbedarfs, erste besonders warme und trokkene Tage vor. Je nach Zusammensetzung des Bodens und seiner Fähigkeit, Wasser zu speichern, muß dann der Was-

Nur auf geeigneten Böden und bei guten klimatischen Voraussetzungen können sich Rhododendron so üppig entwickeln.

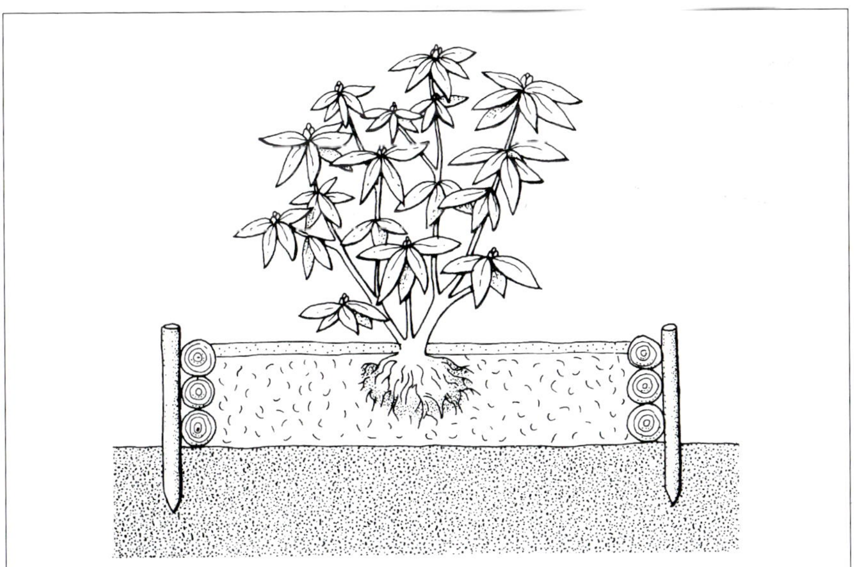

Bei ungeeigneten Böden kann ein erhöhtes Beet mit einer Mischung aus Torf, Rindenhumus und Eichenlaub-Kompost angelegt werden.

serbedarf der Pflanzen durch zusätzliches Wässern gedeckt werden. Wegen der geringen Wasservorräte in Sandböden muß hier kurzfristiger und häufiger gegossen werden, als auf schweren Böden mit größerer Wasserhaltekraft. Um eine möglichst gleichmäßige Bodenfeuchte zu erhalten und die Verdunstung aus dem Boden zu reduzieren, hat sich die Abdeckung mit verschiedenen organischen Mulchmaterialien (Holzhäcksel, Rindenhumus, Torf u.a.) bewährt (siehe auch Seite 61 ff.).

Bodenvorbereitung und -bearbeitung

Bei Gartengrundstücken sollten die Pflanzflächen zunächst gewissenhaft von Unkräutern befreit werden. Dies gilt insbesondere für die Dauer- oder Wurzelunkräuter, wie Quecke, Giersch, Disteln und Ackerwinden. Mit einer Forke werden die Speicherwurzeln und Rhizome freigelegt und sauber abgesammelt. Jedes zurückbleibende Stückchen ist später Ausgangspunkt einer Neuverkrautung, daher sollte diese Arbeit mit großer Sorgfalt durchgeführt werden.

Nach der Grundsäuberung werden Bodensenken verfüllt und die Pflanzflächen anschließend gleichmäßig eingeebnet. Dort, wo die Bodenverhältnisse den Wachstumsbedingungen der Rhododendron entsprechen, wird nun die Fläche möglichst tief umgegraben. Wo dieses aber nicht der Fall ist, sind weitere Vorbereitungsarbeiten erforderlich. Insbesondere auf Flächen, auf denen sich nach stärkeren Regenfällen wiederholt Niederschlagswasser ansammelt und über längere Zeit stehenbleibt. Staunässe verdrängt die für die Wurzelatmung notwendige Bodenluft und führt so zum Absterben der Pflanzen. Häufig haben Fahrzeuge während des Hausbaus den Boden festgefahren. Ohne vorherige Auflockerung wurde dann der noch fehlende Mutterboden aufgeschüttet. Oder es sind natürliche Sperrschichten aus Lehm, Ton oder Ortstein vorhanden.

Wo solche Verdichtungshorizonte oder Sperrschichten in nicht allzu großer Tiefe anstehen, können diese in Eigenarbeit durchbrochen werden. Der Oberboden wird bis zu den Sperrzonen zur Seite geworfen und die Schichten mit Hacke und Spaten durchstoßen. Auf größeren Flächen können mit Erdbohrern punktuell Löcher ausgehoben werden, die dann mit gröberen Materialien wie Kies oder Schotter verfüllt werden. Natürlich muß das Bohrloch die Sperrschichten durchbrochen haben. Bei noch schwierigeren Verhältnissen wird nur eine eng verlegte Dränage weiterhelfen. Über einen mit Grobmaterial verfüllten Dränkanal wird das überschüssige Wasser in Rohre geleitet, die dieses dann in Gräben oder Abflußkanäle abführen.

Humusgehalt und pH-Wert

Wenn Bodenanalysen anzeigen, daß der Humusgehalt, die Bodenart oder der pH-Wert der Pflanzfläche den Bedürfnissen der Rhododendron nicht entspricht, sind weitere Arbeiten erforderlich (siehe auch Seite 61 ff.).

Bei etwas schwereren und bindigeren Böden wird eine etwa 10 cm hohe Schicht organischen Materials aufgetragen und in die obere Bodenzone eingearbeitet, um eine gröbere Bodenstruktur zu schaffen und um zu verhindern, daß sich der Boden wieder verdichtet. Je höher der Ton- bzw. Schluffanteil, um so mehr organisches Material sollte eingearbeitet werden.

Schwieriger ist es, einen zu hohen pH-Wert abzusenken. pH-Werte von 6 bis 7 sind durch große Mengen saurer Humusstoffe wie z.B. Torf korrigierbar. 10 bis 15 cm hohe Torfschichten werden in den Boden eingearbeitet und nach der Pflanzung wird der Wurzelbereich der Rhododendron noch einmal mit einer etwa 5 bis 10 cm dicken Torfschicht abgedeckt. Durch Schwefelzugabe (Schwefelblume) ist eine Absenkung des Boden-pH-Wertes ebenfalls möglich, hier sollte aber ein Fachmann einbezogen werden,

Rhododendron können gut mit Gehölzen und Stauden kombiniert werden, die ähnliche Ansprüche haben.

um die erforderlichen Mengen zu berechnen.

Bei pH-Werten über 7 kommt nur noch die Anlage eines Beetes über Bodenniveau in Frage. Auf den vorher gelockerten Boden wird eine Mischung aus Torf, Rindenhumus oder anderen organischen Materialien aufgetragen. Die erforderliche Schichthöhe beträgt bei kleinbleibenden Arten und Sorten 30 bis 50 cm, bei stärker wüchsigen etwa 50 bis 60 cm. So entsteht ein Hochbeet, das seitlich eingefaßt werden sollte. Geeignete Materialien hierfür sind u.a. Bahnschwellen, Palisaden, Findlinge, Steinplatten oder Natursteine. In regelmäßigen Abständen von 2 bis 3 Jahren muß das organische Material, das laufend durch Mikroorganismen mineralisiert wird und dann etwas zusammensackt, ergänzt werden.

Böden, deren pH-Werte unterhalb von pH 4 liegen, bereiten keinerlei Probleme. Hier kann der für Rhododendron optimale pH-Bereich leicht über Kalkgaben hergestellt werden. Zu bevorzugen sind dabei gröbere kohlensaure Kalke, die auch in der Landwirtschaft Verwendung finden (Kalkmergel).

Materialien für die Bodenverbesserung

Das beste Pflanzsubstrat ist Weißtorf. Allerdings ist die Torfverwendung in unseren Gärten umstritten, werden doch die Torflagerstätten insbesondere in Nordwestdeutschland großflächig abgebaut. Aber in Skandinavien und den ehemaligen Ostblockstaaten wächst heute mehr Torf zu, als abgebaut werden kann. Von hier erfolgen zunehmend Importe. Torf jedenfalls hat einen günstigen Einfluß auf die Bodenfruchtbarkeit. Er hält Wasser fest, verbessert die Krümelstruktur schwerer Böden und sorgt für ausreichende Bodenluft, die für das Wurzelwachstum wichtig ist. Torf führt dem Boden allerdings kaum Nährstoffe zu. Im Garten wird »Düngetorf« eingesetzt. Der Begriff »Düngetorf« ist irreführend, da er weder Kalk noch Dünger enthält. Vor der Verwendung ist er ausreichend zu durchfeuchten.

Wo die Möglichkeit besteht, sollte das Laub von Eichen und anderen Baumarten gesammelt und kompostiert werden. Eichenlaub ist besonders gut für Rhododendron geeignet, da es eine grobe Struktur hinterläßt und einen günstigen pH-Wert aufweist. Auch die Nadeln von Kiefern, Tannen und Fichten eignen sich gut zur Einarbeitung in den Boden und zur Abdeckung desselben.

In der holzverarbeitenden Industrie fallen jährlich erhebliche Mengen an geschälter Baumrinde an, die aufbereitet dem Hobby- oder Profigärtner als Pflanzsubstrat angeboten wird. Nach der Fermentierung (Kompostierung) und Absiebung entsteht Rindenhumus, der eine recht stabile Struktur sowie günstige Nährstoffgehalte besitzt. Rindenhumus neigt aber zur Stickstoffestlegung und weist meistens höhere pH-Werte auf. Auch hier können Mischungen von Torf und Rindenhumus empfohlen werden, wobei der Torfanteil bis auf 30% reduziert werden kann.

Grober, nicht kompostierter Rindenmulch gehört ebenso wie geschredderte Holzabfälle aus Strauchwerk nicht in den Wurzelbereich der Pflanzen. Beide Materialien sind lediglich als Bodenabdeckmaterial (Mulch) geeignet.

Mischungen aus Torf, Lauberde oder Rindenhumus können auch mit Anteilen (bis 20 Volumenprozent) von Holzspänen und Sägemehl gestreckt werden. Hier ist dann aber verstärkt Stickstoff (Schwefelsaures Ammoniak) zu düngen, da ein Teil sofort festgelegt wird und den Pflanzen nicht mehr zur Verfügung steht. Komposte, die auch nur teilweise aus Küchenabfällen in Kommunen oder im eigenen Garten hergestellt werden, sind für Rhododendron völlig ungeeignet. Sie enthalten hohe Salzgehalte und der pH-Wert liegt oft über dem Neutralbereich (über pH 7). Anders verhält es sich mit Komposten, die aus Hecken- und Rasenschnitt, aus Reisig und anderen Pflanzenresten hergestellt wurden. Ungesiebtes Material mit noch gröberer Struktur ist recht gut in Torfmischungen als Pflanzsubstrat geeignet. Zu beachten ist dabei aber, daß stickstoffarme Materialien wie Reisig und holzige Pflanzenteile Stickstoff über längere Zeit binden können.

Kleinklima, Licht und Temperatur

Das Wetter in Nordwestdeutschland entspricht weitgehend den klimatischen Wachstumsbedingungen an Naturstandorten von Rhododendron. Die Meeresnähe sorgt für feuchte Luft, in der Regel sind die Sommer kühl und genügend regenreich, während die Winter nicht zu kalt sind mit meist nur begrenzten Frostperioden. Das Klima ist ausgeglichen, ohne Extreme, die Niederschläge sind über das Jahr verteilt. Ähnliche Bedingungen sind in niederschlagsreichen Mittelgebirgslagen oder in der Nähe größerer Gewässer anzutreffen. Dort, wo diese Bedingungen nicht gegeben sind, gibt es verschiedene Möglichkeiten der Einflußnahme. Hinter Sträuchern, Mauern oder Zäunen herrscht ein besonders zuträgliches Kleinklima für Rhododendron mit höherer Luftfeuchtigkeit und Schutz vor Wind.

Der Standort im Garten

Offene, windige oder zugige Lagen, wie wir sie von Standorten an Hausecken oder in Windschneisen zwischen Gebäudeteilen kennen, mögen besonders die großblättrigen Rhododendron überhaupt nicht. Hier kümmern sie vor sich hin und zeigen ihr Unwohlsein sehr deutlich an. Oft weisen ihre Blätter, die ständig aneinanderreiben, erhebliche Beschädigungen auf. Windschutz gegen die kalten und trockenen Ost- oder Nordostwinde steigert das Wohlbefinden der Pflanzen, ebenso wenn Rhododendron in Gruppen stehen.

Viele Rhododendronarten wachsen in ihrer Heimat im lichten Schatten größerer Bäume, insbesondere die großblättrigen Arten. Solche Bäume beeinflussen ebenfalls das Kleinklima und sorgen für eine Abmilderung extremer Bedingungen. Auch in unseren Gärten haben größere Bäume die gleiche Wirkung. Beson-

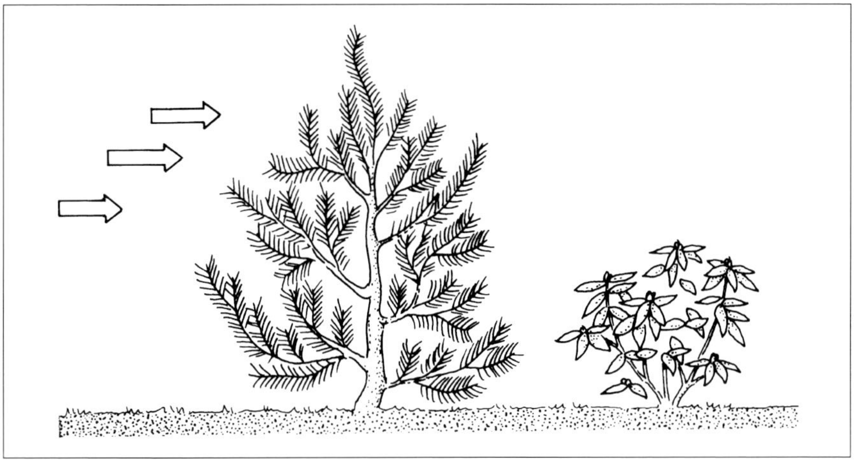

Für die meisten Rhododendron sind sehr sonnige oder windexponierte Lagen ungeeignet. Bäume geben Schatten und mildern Witterungsextreme ab.

ders Kiefern und Eichen, aber auch Hochstämme von Obstbäumen sind als Schattenspender geeignet, da sie mit ihren tiefgehenden Wurzeln keine Konkurrenz um Wasser und Nährstoffe für die flachwurzelnden Rhododendron darstellen. Williamsianum- und Repens-Hybriden sowie die Japanischen Azaleen sind für solche Schattenspender besonders dankbar, wobei eine Lichtreduktion auch bis zu 50% gut toleriert wird. Bäume, die ein dichtes, undurchdringliches Laub- oder Nadeldach bilden wie Kastanien und Fichten, sind weniger geeignet, da sie einen Großteil der Niederschläge entziehen und nur wenig Licht durchlassen.

Die meisten Rhododendron bevorzugen leichten Schatten. Hier ist auch die Luftfeuchtigkeit höher und die Pflanzen sind vor kalten Winden geschützt.

Wanderschatten, der die Pflanzen gerade vor der prallen Mittagssonne schützen soll, ist optimal. Dauerschatten oder dunkle Standorte hingegen werden nur von wenigen Rhododendron auf Dauer vertragen. Hier bilden sie lediglich wenige dünne und überlange Triebe mit geringem Knospenansatz aus. Das Wuchsbild ist recht locker. Viel Licht am Morgen und in den Abendstunden führt hingegen zur Bildung vieler Blütenknospen und gleichmäßiger Verzweigung, die Pflanzen bleiben gesund bei guter Wuchsleistung und kompaktem Wuchs.

In den Gärten ist die Nordseite der Häuser oft kühler und feuchter und somit ein idealer Standort für Rhododendron. Auch die Ostseite sowie die Westseite sind durchaus geeignet. Sehr sonnige, warme und trockene Standorte ohne Wanderschatten sind für Rhododendron oft problematisch. Solche Lagen gibt es z.B. auf der Südseite von Gebäuden, häufig in Terrassennähe, wo sich die Hitze im Sommer staut. Großblättrige Sorten zeigen hier häufiger von Hitze hervorgerufene Blattverbrennungen. Besonders die tierischen Schädlinge wie Wanzen oder Weiße Fliegen lieben solche Bedingungen und treten dann vermehrt auf.

Mit ausreichendem Abstand zu Mauern oder Hauswänden können Rhododendron aber bei entsprechender Pflege auch auf Südseiten wachsen. Hybriden, die Blut der Wildarten *R. catawbiense*, *R. ponticum*, *R. yakushimanum* oder *R. insigne* enthalten, befriedigen durchaus an Südseiten, wenn der Boden ausreichend feucht gehalten wird. Und auch die laubabwerfenden Azaleen aus den Gruppen der Genter-, Mollis- oder Knap Hill-Hybriden entwickeln sich hier recht gut. Besonders sonnenverträglich sind die kleinblättrigen Wildarten und Sorten, deren Ursprung in den ungeschützten Bergregionen liegt. Diese alpinen Pflanzen sind behaart oder beschuppt, um sich vor den extremen Witterungsverhältnissen zu schützen. Sie vertragen zwar Sonne bei höherer Luftfeuchtigkeit, aber keine Trockenheit im Wurzelbereich. Daher muß der Boden an warmen und lichtintensiven Standorten stets gut feucht gehalten werden.

Besonders abträglich sind hohe Temperaturen während der Mittagszeit bei gleichzeitig niedriger Luftfeuchtigkeit oder Wind. Hier ist die Verdunstung durch die Blätter, die für Abkühlung sorgt, größer als die Wassermenge, die über die Wurzeln aufgenommen und zu den Blättern transportiert werden kann. Höchst ungelegen sind solche Wetterperioden während der Blüte oder dem Austrieb. Die Blüten werden schlaff, die Knospen öffnen sich nicht mehr und bleiben sitzen oder trocknen ein. Die Jungtriebe hängen schlaff herunter und es entstehen Blattrandschäden, welche die Pflanzen auch zu einem späteren Zeitpunkt verunzieren.

Auch die Wintertemperaturen sind entscheidend für die Entwicklungsmöglichkeiten der Pflanzen. In Mitteleuropa muß damit gerechnet werden, daß Minustemperaturen von −15 °C bis −25 °C auftreten können. Spitzenwerte werden im Norden durch die Meeresnähe seltener erreicht, im kontinentalen Klimabereich oder in Gebirgslagen dagegen häufiger. Immergrüne Rhododendron verbrauchen auch im Winter Wasser. Bei gefrorenem Boden ist die Wasseraufnahme behindert. Frost, trockene Ostwinde und Wintersonne ziehen die letzte Feuchtigkeit aus den Blättern. Da der Wassernachschub ausbleibt, vertrocknen die Pflanzen, obwohl sie ihre Blätter zur Minimierung von Wasserverlusten zusammengerollt haben.

Als winterhart bezeichnen wir solche Arten und Sorten, die Temperaturen unterhalb von −20 °C unbeschadet überstehen. Aber nicht nur die Temperaturminima sind entscheidend, auch der Frostzeitpunkt ist wichtig. So können besonders die Spätfröste im April/Mai große Schäden hervorrufen. Bei höheren Temperaturen im März haben sich die Pflanzen bereits auf das bevorstehende Frühjahr eingestellt, es ist »Bewegung« in die Trieb- und Blütenknospen insbesondere der frühen Rhododendron gekommen. Zu diesem Zeitpunkt sind sowohl die Trieb- als auch die Blütenknospen äußerst empfindlich und erheblich frostgefährdet. Bei größeren Frostschäden, insbesondere wenn am alten Holz die Rinde aufgeplatzt ist, kümmern die Pflanzen oder können ganz zugrunde gehen. Dies ist seltener der Fall, denn im allgemeinen besitzen Rhododendron eine erstaunliche Regenerationsfähigkeit. Frostschäden entstehen häufig auch im Oktober an noch nicht ausreichend abgehärteten Trieben. Gefährlich sind besonders große Temperaturschwankungen im Januar/Februar, wenn tagsüber die Sonne scheint und die Nacht extrem kalt wird. Das von den Wurzeln am Tage aufgenommene Wasser gefriert in der Nacht und läßt die Triebe aufplatzen. Dieser Schaden macht sich oft erst im Mai/Juni bemerkbar, wenn einzelne Triebe nicht mehr austreiben. Vor Wintersonne geschützte Standorte verhindern solche Schäden.

Wurzelkonkurrenz und Windschutz

Auch Schattenbäume wie Kiefern, Eichen und hochkronige Obstbäume mildern die Auswirkungen der Wintersonne. Weitere Baumarten mit lockerer Krone wie Lärchen, Eschen, Weißdorn, Felsenbirnen, Goldregen, Baumhasel, Tulpenbaum, Zierformen der Obstgehölze, Magnolien, Hartriegel u.a. sind durchaus geeignete Schattenspender. Wenn jedoch die Rhododendron zu dicht an diese Bäume gepflanzt wurden, besteht die Gefahr, daß größere Niederschlagsmengen vom Blätter- oder Nadeldach abgehalten werden und nicht mehr den Boden erreichen. Daher sollte immer ein angemessener Abstand zu den Schattenspendern eingehalten werden, der um so größer sein sollte, je größer und älter die Schattenspender sind.

Als Windschutzpflanzen sind besonders auch Nadelgehölze wie Tanne und Fichte, Lebensbaum, Scheinzypresse und Eibe (*Taxus*) geeignet. Es ist aber zu bedenken, daß diese alle zu den Flachwurzlern gehören und die obere Bodenschicht (bis etwa 60 cm Tiefe) intensiv durchwurzeln, bis in die Wurzelballen der Rhododendron hinein. Hier konkurrieren sie um Wasser und Nährstoffe. Daher müssen immer ausreichende Abstände zu diesen Pflanzen eingehalten werden.

Als Windschutzpflanzen sind besonders auch Nadelgehölze geeignet.

Gleiches gilt für ungeeignete Schattenbäume, die entweder eine dichte, für Licht und Regen undurchlässige Krone bilden oder den Standort im oberen Bereich intensiv durchwurzeln. Zu ihnen zählen Birken, Rotbuchen, Kastanien, Pappeln, Ahorn, Linden und die stärkerwüchsigen Formen der Weiden. Bei Ahorn und Kastanien kommt noch hinzu, daß die Blätter im Herbst nach dem Laubfall sehr schnell durch Mikroorganismen zersetzt werden und es hierbei zu einer unerwünschten pH-Erhöhung kommt.

Über den Rhododendron sollte immer ein ausreichender Luftraum von 1 bis 2 m zu den nächsten Ästen eingehalten werden, damit die Pflanzen relativ kurzfristig abtrocknen können. Dem Wachstum der Rhododendron angepaßt, werden dann die unteren Zweige und Äste der Schattenbäume regelmäßig entfernt oder der eine oder andere Baum muß mit der Zeit aus der Anlage herausgenommen werden.

Kultur in Kübeln und Gefäßen

Auf einer Terrasse oder einem Balkon können Rhododendron in Töpfen, Trögen, Kübeln oder sonstigen Gefäßen wachsen, entweder als Einzelpflanze oder in Kombination mit anderen Pflanzenarten. Bei guter Pflege sowie Beachtung einiger Hinweise können sich diese Pflanzen sehr gut entwickeln und über viele Jahre aushalten.

Zu bevorzugen sind hier schwächer- und kompaktwüchsige Rhododendron-

und Azaleensorten, die regelmäßig und problemlos in jedem Jahr gut Knospen ansetzen. Heiße und sonnige Südseiten sowie zugige Lagen sollten nicht als Standorte ausgewählt werden, da sie den Bedürfnissen der Pflanzen nicht gerecht werden. Zudem wäre hier der Wasserverbrauch übermäßig groß.

Rhododendron stellen keine speziellen Ansprüche hinsichtlich des Materials der Pflanzgefäße. Ton, Holz, Kunststoff oder Keramik sind gleichermaßen geeignet. Wichtig ist, daß die Gefäße über ein ausreichend großes Wasserabzugsloch verfügen, das überschüssiges Wasser aus dem Wurzelraum ableitet, denn Staunässe führt zum Absterben zunächst der Wurzeln, später auch der ganzen Pflanze. Da Rhododendron und Azaleen nur flache Wurzelsysteme ausbilden, sollten die Pflanzgefäße möglichst breiter als hoch und vom Volumen her dem Kronendurchmesser bzw. der Wurzelballengröße angepaßt sein. Die Gefäßgröße ist immer so zu wählen, daß sich die Pflanzen problemlos über zwei Jahre entwikkeln können, ohne daß ein vorzeitiges Verpflanzen erforderlich wird.

Geeignete Pflanzsubstrate für diese Gefäße sind Mischungen aus groben und beständigen organischen Materialien wie etwa Torf und Rindenhumus. In solchen Mischungen sind allerdings nur sehr begrenzte Nährstoffvorräte vorhanden, so daß rechtzeitig nachgedüngt werden muß. Für Pflanzgefäße werden von der Industrie Spezialsubstrate – auch für Rhododendron und Azaleen – angeboten. Sie werden auf reiner Torfbasis oder aus Mischungen von Torf mit Rindenhumus oder anderen organischen Komponenten hergestellt. Sie sind ohne weitere Zusätze direkt verwendbar. Eigenmischungen für Pflanzgefäße sind aber auch problemlos herstellbar. Als Substratbestandteile kommen Gartenerde, Torf, Rindenhumus und Lauberde in Frage, wobei der Torfanteil immer dominieren sollte.

Als wichtigste Pflegemaßnahme ist die gleichmäßige Wasserversorgung zu nennen. Auch während Regenperioden muß stets kontrolliert werden, da der größte Teil der Niederschläge durch das dichte Blätterdach der Pflanzen abgeleitet wird. Sollte das Substrat dennoch einmal zu trocken werden, können die Pflanzen so lange in ein Wasserbad gestellt werden, bis sich das Substrat wieder vollgesogen hat. Im Winter ist ein Schutz gegen Wintersonne und vor austrocknenden, kalten Ostwinden angebracht ebenso vor dem Durchfrieren des Wurzelballens. Recht einfach ist es, die Pflanzen ohne Gefäß im Garten einzugraben oder Gefäß und Wurzelbereich mit Laub oder ähnlichen Materialien abzudecken.

Sollten die Pflanzen im Lauf der Jahre zu groß werden, können sie zu jeder Zeit problemlos in ein größeres Gefäß verpflanzt werden. Besonders schön wirken Gefäße, die mit verschiedenen Pflanzenarten gestaltet werden. Für Kombinationen mit Rhododendron und Azaleen sind schwachwüchsige und kleinbleibende Gräser, Heide, Stauden, Koniferen und Laubgehölze geeignet.

Geeignete Substratmischungen für Pflanzkübel

- 20 bis 30% Gartenerde + 70 bis 80% Torf
- 50% Torf + 50% Rindenhumus oder Lauberde
- 20% Gartenerde + 40% Torf + 40% Rindenhumus oder Lauberde.

Obwohl sich die kleinbleibenden Arten und Sorten besonders für die Kübelkultur eignen, können sich bei entsprechender Pflege auch großblumige Hybriden zu stattlichen Exemplaren entwickeln.

Gestalten mit Rhododendron und Azaleen

Besonders reizvoll ist es, wenn sich blühende Rhododendron im Wasser spiegeln.

Rhododendron kommen in der Natur nie in isolierter Einzelstellung vor, sie wachsen immer in Gesellschaft mit anderen Pflanzenarten, ob Gehölze, Stauden oder Kräuter.

Besonders reizvoll ist die Pflanzung an Gartenteichen und Bächen. Es ist ein Traum, wenn sich die Pflanzen zur Blütezeit auf der Wasseroberfläche spiegeln. Zudem gedeihen sie durch die erhöhte Luftfeuchtigkeit und die ausgeglichenere Temperatur auf diesen Standorten besser.

Zwergwüchsige Hybriden, einige kleinblumige Wildarten und Japanische Azaleen sind besonders gut für Pflanzungen in Stein- und Heidegärten geeignet. Hier dominieren sie mit ihren kräftigen Blütenfarben lediglich über einige Wochen.

Sind Rhododendron giftig?
In der Praxis sind Rhododendron als unbedenklich einzustufen. Daß Blüten und Blätter aber nicht in großen Mengen gegessen werden sollten, ist eine Selbstverständlichkeit.
Bestimmte Wildarten wurden in der Vergangenheit wie auch heute für medizinische Zwecke verwendet. Die Blätter und Blüten von *R. luteum* (syn. *Azalea pontica*) enthalten auch narkotisierende bzw. giftige Wirkstoffe. Diese führen bei Tieren erst bei der Aufnahme von großen Blattmengen zu Brechreiz oder Krämpfen. Ähnliche Substanzen wie in *R. luteum* wurden auch in einigen anderen Wildarten entdeckt, die bei uns aber nicht in Kultur sind.

Die Wirkung in den verschiedenen Jahreszeiten

Rhododendron erfüllen während des gesamten Jahres in idealer Weise den Wunsch nach durchgehend grüner Belaubung. Im Winter, wenn die Bäume und Sträucher ihr Laub verloren haben, dominiert das frische Grün und die Gestalt der Rhododendron. Sie ordnen sich hier nicht unter und bilden so einen Schwerpunkt im Garten, der jährlich zunimmt. Mit anderen gleichgroßen oder gleichwertigen Gehölzen, insbesondere mit den immergrünen Koniferen, sorgen sie für eine optische Dominanz.

Viel weniger selbstbewußt, dafür aber graziler als die immergrünen Rhododendron, wirken die laubabwerfenden sommergrünen Azaleen. Von ihrer Gestalt her sind sie anpassungsfähiger und leichter einzuordnen. Die meisten von ihnen sorgen vor dem Winter noch einmal durch ihre Laubverfärbung für einen farblichen Höhepunkt.

Besonders nach dem Laubfall präsentieren sie sich zierlich und sind dann von malerischer filigraner Gestalt. Jede Verästelung, die im Sommer nur zu erahnen war, wird nunmehr sichtbar. Die braunen Samenstände und die Knospenanlagen an den Zweigenden treten deutlich hervor. Nach den ersten Frostnächten sind die Zweige von Rauhreif überzogen – ein immer wieder reizvoller Anblick, der zum Innehalten einlädt! Wegen all dieser Eigenschaften sind sie untereinander gut kombinierbar und harmonieren auch problemlos mit anderen Laubgehölzen – es sei denn, daß sich ihre Blütenfarben nicht vertragen.

Blütenfarbe und Blütezeitpunkt von Bepflanzungen sollten aufeinander abgestimmt sein. Interessante Blühpartner können z.B. Forsythien sein.

Weniger reizvoll wirken im Winter die Japanischen Azaleen, die nur einen Teil ihres Laubes behalten haben und deren kleine Winterblätter oft an den Triebspitzen vereint sind. Ihre niedrigen und breiten Büsche vertragen sich recht gut mit stärkerwüchsigen sommergrünen Azaleen. Sehr schön wirken sie auch in Gruppen, die aus einer Sorte oder aus Sorten mit ähnlichem Wuchsbild bestehen. Allerdings ist bei Sortenmischungen mit unterschiedlichen Blütenfarben immer die Gefahr vorhanden, daß die Farben nicht harmonieren. Gruppen aus drei, fünf oder sieben Einzelpflanzen einer Sorte zeigen hingegen ein einheitliches Bild und sorgen für eine massive Flächenwirkung.

Die Kombination von Blütenfarben

Der Farbreichtum innerhalb der Gattung *Rhododendron* erlaubt sehr viele Kombinationsmöglichkeiten bei der Farbzusammenstellung. Die Ansichten über schöne Kombinationen gehen allerdings oft weit auseinander. Dennoch gibt es einige Regeln, bei deren Beachtung grobe Fehler vermieden werden können. Eine unbedachte Mischung der Arten und Sorten wird leicht zu Disharmonien führen. Eine gelungene Komposition schließt die Pflanzen- und Farbkombinationen sowie die Beziehung zu den Nachbarpflanzen und den anderen Gartenkomponenten mit ein.

Lila, rosa und weiße Farbtöne, auch in Abstufungen, sind recht schön und ohne Probleme zu verbinden, weil sie in der Farbintensität weit genug auseinanderliegen. Der weißen Blütenfarbe fällt bei den Kombinationen eine besondere Bedeutung zu. Weiß trennt oder verbindet die Farben oder vermittelt zwischen ihnen. Gärten, in denen Rhododendron und Azaleen einen Schwerpunkt bilden sollen, sind dann gut gestaltbar, wenn verschiedene weiße Sorten vertreten sind.

Bei den großblumigen Hybriden sollten Sorten mit dunkelroten, karminroten, violetten und lila Farbtönen nicht zu dicht nebeneinander stehen, sie passen oft nicht zusammen und sind daher nur schwer einzuordnen.

Dies gelingt oft nur, wenn weiße Farbtöne hinzukommen. Ähnlich verhält es sich mit lilafarbenen und reinrosa blühenden Sorten, die als direkte Nachbarn unschön wirken können. Es sollte immer darauf geachtet werden, daß reine Rot- und Rosatöne möglichst von den purpur oder lila blühenden Sorten getrennt sind. Bei den kleinblumigen Rhododendron sind viele blaue Farbabstufungen vorhanden. Obwohl die Einzelblüte klein ist, führt die ungeheure Blütenfülle zu einer guten Fernwirkung. Ebenso wie weiße passen blaue Farbtöne gut zu den meisten Rhododendronfarben.

Viele Japanische Azaleen blühen in rosa Farben der unterschiedlichsten Intensitätsstufen. Die Unterschiede sind aber nicht so groß, um in jedem Fall verträglich zu sein. Die sommergrünen

Azaleen bringen gelbe und orange Farbtöne in die Pflanzung sowie viele Pastelltöne. Zarte Pastelltöne in Rot, Orange oder Gelb bereiten weniger Schwierigkeiten, da sie sich gegenseitig nicht stören. Problematischer wird es bei den reinen Blütenfarben mit großer Leuchtkraft.

Grenzbepflanzungen mit nur einer Sorte entwickeln eine massive Farb- und Fernwirkung. Solche Pflanzungen wirken ruhig, harmonisch und unaufdringlich. Vor hellem Hintergrund (z.B. weißen Hausfassaden oder weißen Gartenzäunen) sollten zarte und blasse Farben oder Pastelltöne möglichst nicht gewählt werden. Vor dunklen Fassaden sind hingegen helle und intensiv leuchtende Blütenfarben zu bevorzugen.

Nicht unproblematisch sind dunkle Farbtöne wie Dunkelrot, Purpurrot, Violett und Lila. Sie können finster und kalt wirken, besonders wenn sie in einer Pflanzung überwiegen oder zu dunkel stehen. Sie gehören in das volle Licht oder vor hellen Hintergrund, um ihre ganze Wirkung entfalten zu können. Auch weißblühende Sorten verhelfen den dunkleren Farbtönen zu mehr Leuchtkraft. Weiterhin sollten dunkelfarbige Sorten bevorzugt im Vordergrund, möglichst in der Nähe des Betrachters stehen, während die heller blühenden weiter hinten postiert werden können. Mit dieser Anordnung sind überraschende Effekte in der Tiefenwirkung erzielbar.

Wer starke Farbkontraste wegen des Effektes und der Dynamik liebt, wird Farbkombinationen wie blau/gelb, rot/gelb sowie weiß/blau wählen. Wer eine Vorliebe für eine bestimmte Blütenfarbe entwickelt hat (z.B. Rosa) kann Problemen aus dem Weg gehen, indem er früh und spät blühende Sorten auswählt, die nicht zum gleichen Zeitpunkt blühen.

Die intensiven Blütenfarben vieler Azaleen verlangen nach einer betont ruhigen Rahmenpflanzung.

Blattformen und -farben

Auch die unterschiedlichsten Blattgrößen, -formen und -farben tragen zu der Wirkung einer Pflanzung bei. Die Ausfärbung der Blätter variiert erheblich, vom frischen Hellgrün, das sich besonders schön vor dunklem Hintergrund abhebt, bis zum tiefen Blaugrün. Blätter können stumpf oder glänzend, lederartig, silbrig oder bräunlich durch Beschuppung oder Bewimperung wirken. Bei einigen sommergrünen Azaleen sorgt der bronzefarbene Austrieb oder die Herbstfärbung für zusätzliche Akzente. Weitere Unterschiede gibt es noch hinsichtlich der Blattstellung, ob hängend oder mehr waagerecht, und der Blattdichte.

Blütezeitpunkt

Das größte Erlebnis in einem Gartenjahr ist immer wieder die Blütezeit. Hier wird wohl jeder Pflanzenfreund das Ziel verfolgen, sich über einen möglichst langen Zeitraum an der Blüte einer oder verschiedener Pflanzenarten zu erfreuen. Dies gelingt mit Rhododendron über einige Monate, wenn die entsprechenden Arten und Sorten ausgewählt werden.

Bereits im Februar/März entfalten 'Praecox' und *R. dauricum* ihre Blüten, gefolgt von *R. sutchuenense.* Im letzten Aprildrittel sind es dann die frühen Sorten aus den Gruppen der Williamsianum- und Repens-Hybriden, die den Beginn der Hauptblütezeit im Mai/Juni einläuten. Danach sorgen *R. discolor*, 'Inamorata', *R. hirsutum* im Juni/Juli und *R. camtschaticum* von Juni bis September dafür, daß das sommerliche Blütenfest nur ganz langsam ausklingt. Die bei den Sortenporträts aufgeführten Blühtermine sollen eine schnelle Orientierung ermöglichen und für eine sichere Auswahl sorgen.

Etwas Vorsicht ist geboten, wenn Sorten mit ähnlichen Blühterminen in einer dichten Gruppe zusammenstehen. Die Gesamtkomposition leidet, weil dann frisch erblühte Sorten neben solchen stehen, deren Blühhöhepunkt vorbei ist oder die bereits verblüht sind. Eine Lösung ist darin zu sehen, daß die Samenstände verblühender Sorten frühzeitig ausgebrochen werden. Schöner ist es aber, frühe und späte Sorten zu kombinieren, denn dann kommt jede Sorte individuell zur Geltung.

Pflanzung in Gruppen

In Gruppen gepflanzt sind Rhododendron gut untereinander verträglich. Aber auch in Einzelstellung oder als Vorpflanze im Hintergrund einen Rahmen für eine Gehölzgruppe bildend, sie präsentieren sich immer vornehm und gepflegt. Die kleinblumigen und schwächer wachsenden Sorten sind den starkwachsenden großblumigen Hybriden immer unterlegen und sollten daher mit diesen nicht in engster Nachbarschaft stehen.

Rhododendron und Azaleen sind im Vergleich zu größeren Sträuchern oder Bäumen überwiegend langsam wachsende Laubgehölze, die an geeigneten Standorten viele Jahrzehnte aushalten und sogar Generationen überdauern können. Innerhalb der Gruppe ist ihre Wuchsleistung aber recht unterschiedlich. Der Wuchsstärke entsprechend würde für die ersten Jahre ein Pflanzabstand bei der stärker wüchsigen Gruppe von 2 bis 3 m, bei der Gruppe der mittelstark wachsenden Sorten von 1 m und bei den schwach wachsenden Sorten von 0,3 bis 0,5 m ausreichen. Nach 5 bis 10 Jahren, bevor die Pflanzen sich berühren oder ineinander gewachsen sind, sollte dann auf einen größeren Abstand umgepflanzt werden.

Bei der Pflanzung in Gruppen sollten gezielt auch flächige Wirkungen genutzt werden. Sorten, wie z.B. aus den Gruppen der Japanischen Azaleen oder Repens-Hybriden, oder auch ähnlich wachsende Arten werden dazu in größerer Stückzahl zusammengepflanzt. Hier wird nicht mehr die Einzelpflanze betont, sondern die Gesamtwirkung der Gruppe. Gerade jüngere Pflanzen wachsen in Gesellschaft besser, da sie sich so gegenseitig vor Witterungseinflüssen schützen. Sie müssen aber im Habitus, von ihrer Belaubung und Blütenfarbe zueinander passen. Daher ist es besser, nur Pflanzen einer Sortengruppe zu kombinieren, die dann ihrer Höhe entsprechend plaziert werden. Schön und harmonisch wirkt eine Gruppe, in der die etwas höher wachsende Pflanze in der Mitte steht und die Unterpflanzung mit gedrungener wachsenden Formen vorgenommen wird.

Hecken und Reihen

Eine reihenartige Anordnung der Pflanzen sorgt für streng begrenzte, gegliederte oder geschlossene Gartenräume. Sie kann somit den Gartenzaun oder die Mauer ersetzen. Sehr hübsch und natürlich wirken niedrige Begrenzungshekken, die z.B. aus Repens-Hybriden oder Japanischen Azaleen gebildet werden. Hier wird nur eine Sorte in gerader Linie gesetzt, wobei sich die Pflanzen zunächst kaum berühren, später aber zu einer Einheit zusammenwachsen.

Höhere und sehr dicht werdende Grenzbepflanzungen sind mit 'Cunningham's White' und Catawbiense-Sorten realisierbar. Wegen ihrer guten Regenerierungsfähigkeit ist ein Schnitt für strenge Heckenformen möglich. Natürlicher wirken aber ungeschnittene Pflanzen. In größeren Gärten können mit diesen Sorten auch breitere und voluminösere Begrenzungen geschaffen werden, wenn die Pflanzen im Verband stehen. Dann erfolgt die Pflanzung in zwei Reihen, wobei immer die vordere Pflanze die Lücke zwischen zwei Pflanzen der hinteren Reihe abdeckt. Hier bietet sich auch die Verwendung mehrerer Sorten an, wenn diese von ihrer Farbe und ihren Wuchseigenschaften zusammenpassen. Eine etwas lockerere und weniger strenge Anordnung ist ebenso denkbar.

Heckenpflanzungen dienen sowohl als Sicht- und Windschutz als auch zur Begrenzung von Blickrichtungen. So können sie weniger schöne Gartenbereiche wie z.B. Kompostier- und Materiallagerplätze verdecken oder für lauschige, nicht einsehbare Sitzplätze sorgen.

In kleinen Gärten wird man eine einreihige Pflanzung wählen, die durch Schnittmaßnahmen schmal gehalten wird. Dabei sollte man aber möglichst nicht mit dem Maßband vorgehen und kastenartig schneiden, was streng und steif wirkt. Schöner und natürlicher ist die Wirkung, wenn nur einzelne Triebe auf die gewünschte Länge zurückgeschnitten werden.

In Norddeutschland sind vielerorts die Zufahrten größerer Anwesen beidseitig mit Rhododendron bepflanzt. Hier bietet sich eine abgestufte Pflanzung an, die für Blickschneisen sorgt. Reihenpflanzungen werden aber auch gerne als Hintergrund und Basis für Vorpflanzungen verwendet. Diese Vorpflanzungen sorgen dann für eine Auflockerung der strengen Linien im Hintergrund.

An Terrassen und auf Beeten

Um von dem Lieblingsplatz auf der Terrasse oder im Wohnzimmer einen möglichst großen Teil der Pflanzen überschauen zu können, bietet sich eine stufige Anordnung nach der Höhe der Pflanzen an. Diese Anordnung sorgt zugleich für eine großzügige Raumwirkung bei gleichzeitiger Tiefenwirkung. Stärkerwüchsige Hybriden mit aufrechtem Habitus bilden die Blickbegrenzung im Hintergrund. Vor ihnen stehen die mittelhohen (auch sommergrüne Azaleen, sowie Williamsianum-Hybriden) und im Vordergrund die niedrigen Pflanzen (Repens-Hybriden, Japanische Azaleen u.a.). Diese gestaffelte Anordnung erlaubt ausgesprochen arten- und sortenreiche Pflanzungen.

Um einen Reiheneffekt oder eine stufige Anordnung zu erzielen, sind die Sorteneigenschaften zu berücksichtigen.

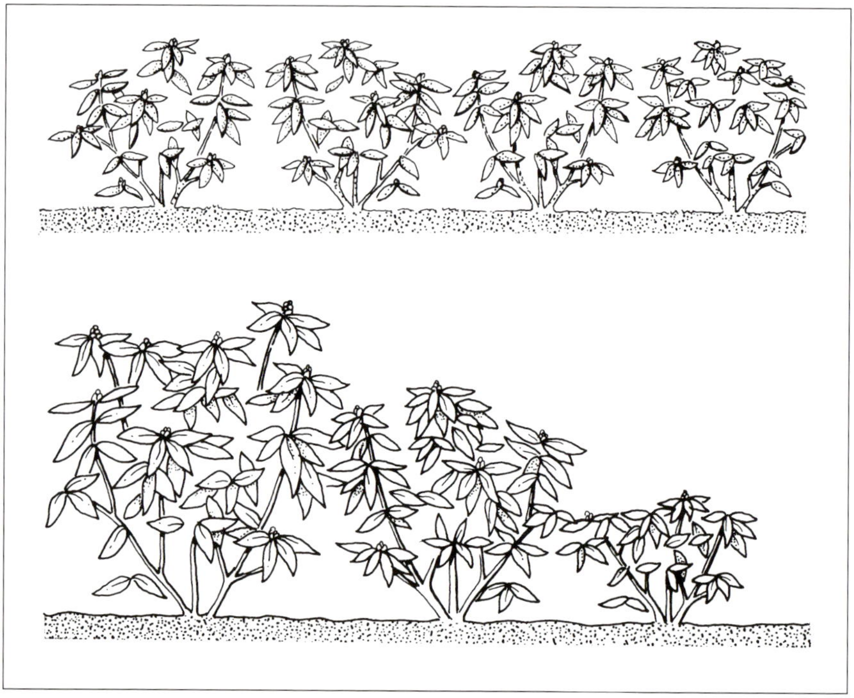

Niedriger bleibende Arten und Sorten sollten im Vordergrund oder auch an Treppen und Wegen gepflanzt werden.

Innerhalb der Höhenbereiche sind weitere Abstufungen denkbar, so durch Auswahl von Sorten mit unterschiedlichen Blattformen und -größen oder mit verschiedenen Blütenfarben. Dabei sind alle Übergänge von hellen zu dunklen Farben möglich. Solche Anordnungen sind gut planbar, wenn die Eigenschaften der Arten und Sorten bekannt sind. Jede Pflanze kommt dann voll zur Geltung.

Die gestaffelte Anordnung kann streng eingehalten werden, es ist aber auch eine rhythmische Untergliederung möglich, bei der die eine oder andere größere Pflanze im Vordergrund als Solitär steht. Bei überlegtem Vorgehen stört dies die Harmonie der Gesamtkomposition nicht und sorgt zusätzlich für Spannung.

Schmale Beete und Rabatten um ein Haus herum oder unmittelbar an der Grenze anschließend sind besonders gut für Pflanzensammlungen geeignet. Hier können mittelhohe und niedrige Sorten gestuft gepflanzt werden mit dem Vorteil, daß jede Pflanze überschaubar bleibt und als Individuum wirkt. Stehen breitere Rabatten von über 3 m Breite zur Verfügung, kann die Anordnung der Pflanzen ihrer Höhe entsprechend erfolgen, wobei sich eine beachtliche räumliche Wirkung ergibt.

Große Gärten und Solitärgehölze

Nur wenige Pflanzenliebhaber verfügen über ausreichend große Gärten, die großzügige und weiträumige Pflanzungen erlauben. Größere Bäume bilden hier den Rahmen, Sträucher begrenzen die Räume, in die Rhododendron und Azaleen eingeordnet werden. Diese dominieren nur während der Blüte und treten dann in den Hintergrund.

Zu Charakterpflanzen werden Rhododendron in Solitärstellung. Hier tolerieren sie lediglich eine in den Hintergrund tretende Unterpflanzung. Eine solche Pflanze, bis unten voll belaubt und mit einem geschlossenen Habitus, ist von dominanter Wirkung und während der Blüte ein absoluter Blickfang. Sie darf aber nicht isoliert stehen, ohne Beziehung zum Nachbarn, sondern soll überleiten und Verbindung zu den nächsten Gruppen schaffen. Hier werden oft Fehler begangen, indem Rhododendron in zu kleinen Gärten isoliert z.B. in Rasenflächen gestellt werden. Dort wirken die zunächst kleinen Pflanzen völlig verloren. In den folgenden Jahren entwickeln sie sich dann zu großen Exemplaren, die nun mit ihrer ganzen Pflanzenmasse den Raum beherrschen, Flächen zerschneiden und die Harmonie des Gartens stören.

In guter Nachbarschaft: Begleitpflanzen

Begleitpflanzen sollten die gleichen Anforderungen an den Standort haben wie die Rhododendron und sie in Habitus und Blütenfarbe und -zeit harmonisch ergänzen. Eine passende Auswahl erhöht die ästhetische Wirkung der Pflanzungen und verbessert deren Wachstumsbedingungen. So sorgen z.B. bodenbedekkende Pflanzen für gleichmäßigere Bodentemperaturen und erübrigen aufwendige Bodenbearbeitungsmaßnahmen. Es würde den Rahmen dieses Buches sprengen, dieses Thema erschöpfend zu behandeln. So sollen lediglich Hinweise gegeben werden, die zur weiteren Beschäftigung mit diesem Thema anregen.

Je vielseitiger das Rhododendronsortiment, um so großflächiger und einheitlicher sollte die Unterpflanzung sein. Weiterhin ist die Höhe der Bodendecker an der Höhe der Rhododendron und Azaleen zu orientieren. Der Pflanzenliebhaber wird natürlich besonders darauf achten, daß während des gesamten Gartenjahres Abwechslung hinsichtlich der Formen und Farben mit verschiedenen Pflanzenarten z.B. aus den Gruppen der Koniferen, Laubgehölze, Heide, Stauden, Gräser, Farne, Sommerblumen und Blumenzwiebeln erzielt wird.

Rhododendron 'Fantastica' in einem Vorgarten zusammen mit Primeln.

Koniferen

Das Grundgerüst vieler Gartenanlagen besteht aus immergrünen Gehölzen wie zum Beispiel Rhododendron oder Nadelgehölzen. Sie prägen während des ganzen Jahres das Gesicht eines Gartens. Die stärkerwüchsigen Sorten der Gattungen *Abies* (Tanne), *Chamaecyparis* (Scheinzypresse), *Juniperus* (Wacholder), *Picea* (Fichte), *Pinus* (Kiefer), *Taxus* (Eibe), *Thuja* (Lebensbaum) und *Tsuga* (Hemlockstanne) stehen als Einzelpflanzen vornehmlich in hinteren Bereichen. Sie sorgen für lichten Schatten sowie für Schutz und bilden einen ruhigen, oft dunkleren Hintergrund, vor dem die Rhododendron gut zur Wirkung kommen. Außergewöhnliche Wachstumsansprüche stellen sie meistens nicht, die meisten von ihnen lieben Sonne und lockere Böden. Ebenso wie die Rhododendron vertragen sie keine Staunässe.

Ein angemessener Abstand zu den Rhododendron muß aber wegen möglicher Wurzelkonkurrenz eingehalten werden. In mittelgroßen oder kleinen Gärten sollten bei den Koniferen entsprechend schwächerwüchsige Formen ausgewählt werden. Behutsam sollte man mit ihren Farben umgehen: viele Gartenformen sind auffallend hellgrün, gelb oder bläulich gefärbt. Insbesondere mit den säulenförmig wachsenden Sorten lassen sich gut optische Gegengewichte zu den mehr kugeligen Rhododendron erzielen und starke Kontraste herausbilden.

Laubgehölze

Größere Bäume bieten den Rhododendron Schutz vor zu intensiver Sonneneinstrahlung. Gut geeignet sind Arten, die keine flachen Wurzelsysteme ausbilden, wie Eichen (*Quercus*), Eschen (*Fraxinus*) und auch die verschiedenen Obstbaumarten. Absolut ungeeignet sind wegen ihrer flachen Wurzelsysteme hingegen Birken *(Betula)*, die Rhododendron schon nach kurzer Zeit unterdrücken.

Von den schwächer wüchsigen Sträuchern sind für Rhododendrongärten verschiedene schönlaubige Sorten der nachfolgenden Gattungen und Arten geeignet: *Acer palmatum* (Japanischer Ahorn, 1–3 m), *Buxus sempervirens* (Buchsbaum, um 1 m), *Enkianthus campanulatus* (Prachtglocke, 1,5–2 m), schwachwüchsige *Ilex*-Arten und Sorten (Stechpalme, 1–2 m), *Pieris japonica* (Schattenglöckchen, 1,5–2 m), *Skimmia* (Skimmie, 1–1,5 m).

Von den Sträuchern mit auffallendem Blütenschmuck sind weiterhin zu empfehlen: *Cornus florida* (Blütenhartriegel, bis 5 m), *Hamamelis japonica* (Zaubernuß, 1,5–3 m), *Hydrangea*-Sorten (Hortensien, 1–3 m), *Laburnum × watereri* (Goldregen, bis 8 m), *Kalmia latifolia* (Berglorbeer, bis 1,5 m), *Magnolia* (Magnolie, 3–6 m), *Pernettya mucronata* (Torfmyrte, 0,5–1,0 m), *Prunus*-Arten (Zierkirschen, 3–6 m).

Gehölze als Bodendecker

Viele kleinwüchsige Gehölze bilden mit ihren Ausläufern oder langen Trieben direkt dem Boden aufliegende Pflanzenteppiche. Bodenbearbeitung und Unkrautbekämpfung sind dann kaum erforderlich. Sie schaffen auch gestalterische Überleitungen zu anderen Pflanzen und zu isoliert stehenden Gruppen. Gut geeignet sind sie als Unter- und Zwischenpflanzung bei den laubabwerfenden Azaleen und den großblumigen Immergrünen. Achten muß man, daß sie andere Pflanzen nicht überwuchern. Sie vertragen aber problemlos Rückschnittmaßnahmen.

Von ihnen werden jeweils kleine Gruppen gepflanzt, wobei eine flächige Pflanzung in größerer Stückzahl besonders schön wirkt. Hierzu gehören: *Cornus canadensis* (Kanadischer Hartriegel, 10–20 cm), *Empetrum nigrum* (Krähenbeere, 25 cm), *Euonymus fortunei* (Immergrüner Spindelstrauch, 15–20 cm), *Gaultheria procumbens* (Scheinbeere, 15 cm), *Pachysandra terminalis* (Pachysandra, Ysander, 20–30 cm), *Vinca minor* (Immergrün, 15 cm).

Heide

Wir wollen die Heidepflanzen weniger in Verbindung mit den großblumigen Hybriden empfehlen, vielmehr mit Japanischen Azaleen, kleinblättrigen Immergrünen und einigen schwachwüchsigen Wildarten. Diese passen besser zum Charakter der Heide. Bereits nach einigen Jahren sind die Heidepflanzen oft schon ineinander gewachsen und bedecken den Boden dann vollständig. Wichtig ist ein regelmäßiger Rückschnitt im April für die Erhaltung ihrer Vitalität und ihres Habitus. Von den verschiedenen Heidearten sind besonders die Sorten von *Calluna vulgaris* (Besenheide, Sommerheide, 20–50 cm, VIII–XI) und *Erica carnea* (Winterheide, 15–30 cm, XII–V) zu empfehlen.

Blütenstauden

Mit ihrer Blütenfülle und Farbenpracht können Stauden den Rhododendron im Mai/Juni ernsthafte Konkurrenten werden. Daher ist es sinnvoll, möglichst nur solche Arten und Sorten auszuwählen, die vor oder nach der Rhododendronhauptblüte blühen.

Großstauden können als Einzelexemplare oder in kleinen Gruppen aus 3 bis 5 Pflanzen gesetzt werden, kleinere hingegen in größeren Gruppen aus 5 bis 7 oder mehr Einzelpflanzen. Einige sollen hier mit ihrem Blühtermin und ihrer Wuchshöhe genannt werden: *Anemone hupehensis* (80–100 cm, VII–X), *A. japonica* (80–120 cm, IX–X), *Aruncus dioicus* (200 cm, V–VII), *Astilbe chinensis* (Prachtspiere, 30–50 cm, VII–IX), *Bergenia cordifolia* (Bergenie, 20–30 cm, IV–V), *Cimicifuga*-Arten (80–200 cm, VIII–X), *Doronicum caucasicum* (Gemswurz, 30 cm, IV–V), *Hepatica transsylvanica* (Leberblümchen, 10–15 cm, III–IV), *Hosta*-Arten (Funkie, 30–60 cm, VII–VIII), *Iris sibirica* (Sibirische Iris, 100 cm, VI–VII), *Primula denticulata* (Kugel-Primel, 20–30 cm, III–IV), *Primula japonica* (Etagenprimel, 30–40 cm, VI–VII), *Rodgersia*-Arten (100–120 cm, VI–VII).

Mit niedrigen Bodendeckerstauden können sehr schöne Effekte erzielt werden, da sie ineinander wachsen und den Boden dann völlig bedecken. Sie ergeben hervorragende Flächenwirkungen und unterdrücken durch Lichtentzug die Unkrautkeimung. Besonders geeignet sind hierzu: *Acaena buchananii* (Stachelnüßchen, 10 cm) und *Cotula squalida* (Fiedermoos, Laugenblume, 3–5 cm), *Epimedium*-Arten (20–50 cm, IV–V), *Pulmonaria mollis* (Lungenkraut, 15–20 cm, IV–V), *Saxifraga umbrosa* (Porzellanblümchen, 30 cm, V–VI), *Tiarella cordifolia* (Schaumkerze, 20 cm, V–VI), *Waldsteinia ternata* (Golderdbeere, 15–20 cm, IV–V).

Gräser

Gräser schaffen milde und harmonische Übergänge zu anderen Pflanzen. Mit ihren grazilen und filigranen Blättern stehen sie in starkem Kontrast zu den fül-

Oben: Die Japanische Azalee 'Diamant Purpur' als Bodendecker in Verbindung mit Gräsern in einem Privatgarten.

Rechte Seite: Rhododendron und Farne verstehen sich als Nachbarn hervorragend.

ligen Pflanzenkörpern der Rhododendron. In eleganter Weise lockern sie deren feste Formen auf. Großwüchsige Gräser finden in Einzelstellung Verwendung, kleinere in Gruppen von drei, fünf oder sieben Einzelpflanzen. Auch wegen ihrer Lebenskraft und Anspruchslosigkeit passen sie gut in Rhododendrongärten. Fast während des ganzen Jahres haben sie einen hohen Schmuckwert und benötigen nur geringe Pflege.

Besonders schöne Arten, die sich in Rhododendrongärten bewährt haben: *Avena sempervirens* (Blaustrahlhafer, bis 60 cm), *Briza media* (Zittergras, 30–40 cm), *Carex buchananii* (Braunrote Segge, 50 cm), *Carex glauca* (Blaugrüne Segge, 40 cm), *Deschampsia caespitosa* (Waldschmiele, 60 cm), *Festuca glauca* (Blauschwingel, 30 cm), *Festuca scoparia* (Bärenfellgras, 30–40 cm), *Luzula nivea* (Hainsimse, Marbel, 40 cm), *Molinia caerulea* (Pfeifengras, 60 cm), *Pennisetum compressum* (Federborstengras, 60–80 cm) und *Stipa pennata* (Federgras, 30 cm).

Farne

Von ihrem Wuchs und ihrer Wirkung her sind Farne für Rhododendron durchaus geeignete Nachbarn. Auch sie lieben halbschattige Lagen. Mit ihren fein ausgebildeten Wedeln in frischgrünen oder dunkelgrünen Farben bilden sie einen wirkungsvollen Kontrast zu den glatten Blattflächen der Rhododendron. Großwüchsige Farne stehen in Einzelstellung, kleinere werden in Gruppen zu drei bis sieben Einzelpflanzen angeordnet. Vor-

sicht ist bei Japanischen Azaleen und Zwergrhododendron geboten, da die Farnwedel leicht kleinere Pflanzen überdecken und ihnen das Licht nehmen.

Empfehlenswerte Arten: *Adiantum pedatum* (Pfauenradfarn, 30–40 cm), *Athyrium filix-femina* (Frauenfarn, 70–80 cm), *Blechnum penna-marina* (Feuerlandfarn, 10–15 cm), *B. spicant* (Rippenfarn, 40–50 cm), *Dryopteris dilatata* (Breiter Wurmfarn, 80 cm), *D. erythosora* (Rotschleierfarn, 50 cm), *D. filix-mas* (Wurmfarn, 60–80 cm), *Phyllitis scolopendrium* (Hirschzungenfarn, 35 cm), *Polypodium vulgare* (Tüpfelfarn, 20–30 cm) und *Polystichum setiferum* (Filigranfarn, 40 cm, viele Sorten).

Sommerblumen

Etwa Mitte bis Ende Mai, noch während der Rhododendronblüte, werden Sommerblumen auf Beeten und Rabatten gepflanzt. Auch die freien Flächen zwischen Rhododendron oder sonstige Lükken können durchaus für Sommerblumen genutzt werden. Dies sollte aber nur mit einer Farbsorte pro Fläche geschehen. Denn hier muß behutsam und vorsichtig vorgegangen werden, da die Sommerblumen mit ihren leuchtenden Farben sofort dominieren und alle Blicke auf sich ziehen. Und auch eine ungeordnete Farbenvielfalt zerstört die Harmonie einer Gartenanlage.

Nach dem Einwurzeln beginnt etwa ab Mitte Juni die Hauptblüte der Sommerblumen, die bei einigen Arten bis zu den ersten Frösten im Oktober anhält. Besonders reichblühend und ausdauernd sind die Sorten von *Begonia semperflorens* (Immerblühende Begonie), *Chrysanthemum multicaule* (Zwergwucherblume), Fuchsien, *Impatiens walleriana* (Fleißiges Lieschen) und *Tagetes patula* (Studentenblume). Aber auch bereits im zeitigen Frühjahr können mit *Bellis perennis* (Gänseblümchen), *Myosotis sylvatica* (Vergißmeinnicht), *Primula vulgaris* (Kissenprimel) und *Viola wittrockiana* (Stiefmütterchen) sehr schöne Blüh- und Farbeffekte erzielt werden.

Blumenzwiebeln

Die zeitigen Frühjahrsblüher werden recht gut durch Zwiebel- und Knollengewächse ergänzt, die bereits von September bis November des Vorjahres in die Erde gesetzt wurden. Die Pflanztiefe bei ihnen beträgt etwa das 2- bis 3fache der Knollen- oder Zwiebelhöhe (Krokusse: 5 cm, Tulpen: 10 cm). Sie werden nicht bunt durcheinander gepflanzt, sondern getrennt in Gruppen, wobei die höherwerdenden Arten im Hintergrund stehen. Bei geschickter Auswahl der Arten und Sorten erstreckt sich die Blüte von Februar bis Anfang Mai.

Geeignet sind im Rhododendrongarten *Crocus*-Arten (Gartenkrokus, II–IV), *Fritillaria meleagris* (Schachbrettblume, IV), *Galanthus nivalis* (Schneeglöckchen, II–III), *Hyacinthus orientalis* (Hyazinthe, IV–V), *Iris*-Arten (Iris, II–IV), *Leucojum vernum* (Märzenbecher, III), *Lilium martagon* (Türkenbund, VI–VII, auch andere Lilien), *Muscari armeniacum* (Perlhyazinthe, III–IV), *Narcissus*-Arten (Narzissen, Osterblumen, II–V), *Scilla*-Arten (Blaustern, IV) und *Tulipa*-Arten (Tulpen, IV–V). Bei den Zwiebel- und Knollengewächsen sind auch sehr schöne herbstblühende Arten vertreten wie *Crocus*-Arten (Herbstkrokus, VIII–XI), *Colchicum*-Arten (Herbstzeitlose, IX–X) und einige schöne *Cyclamen*-Arten (Alpenveilchen, VIII–X).

Die Pflanzung

Die besten Pflanzzeiten

Die besten Pflanzmonate für Rhododendron sind März/April sowie September/ Oktober. Bei den laubabwerfenden Azaleen sind im Herbst die Monate Oktober und November zu bevorzugen. Rhododendron und Azaleen verfügen über ein äußerst dichtes Wurzelwerk und können während aller frostfreien Wochen im Jahr gepflanzt werden. Insbesondere gilt dies für in Containern angezogene Pflanzen. Wird aber im Frühsommer oder in den Sommermonaten gepflanzt, nimmt der Pflegeaufwand erheblich zu, weil dann regelmäßiges Gießen erforderlich wird. Da die Pflanzen noch nicht in den Boden eingewurzelt sind, können sie dann während Schönwetterperioden keine ausreichenden Wassermengen aufnehmen. Ähnlich verhält es sich bei zu späten Pflanzterminen, wenn Fröste einsetzen und trockene Ostwinde die Verdunstung der Immergrünen übermäßig steigern.

Transport, Lagerung und Pflege vor der Pflanzung

Für den Transport werden bei größeren Pflanzen die Zweige zusammengebunden, um Bruch zu vermeiden. Gleichzeitig werden die Wurzelballen durch Foliensäcke geschützt, damit die feinen Wurzeln nicht sofort austrocknen. Bei Pflanzen in Töpfen bietet der umgebende Container hierfür ausreichenden Schutz. Nach dem Transport werden alle Pflanzen kontrolliert, ob ihre Wurzelballen noch ausreichend feucht sind. Bei zu großer Trockenheit werden die Ballen solange in Wassergefäße gestellt, bis keine Luftblasen mehr aufsteigen. Sollten die Ballen extrem ausgetrocknet sein und keine Feuchtigkeit mehr annehmen wollen, hilft ein kleiner Trick: Bereits 1 Tropfen Spülmittel sorgt für eine langsame Wiederbenetzung und vollständige Wasseraufnahme.

Containerpflanzen müssen nicht sofort gepflanzt werden, bei entsprechender Pflege und guter Wasserversorgung können sie noch über längere Zeiträume in ihren Gefäßen verbleiben. Ballenpflanzen hingegen werden sofort gepflanzt oder im Einschlag gelagert. Zur Lagerung wird an einer wind- und sonnengeschützten Stelle im Garten ein Graben ausgehoben, der etwas breiter und tiefer als die Wurzelballen ist. In diesen Graben werden dann die Pflanzen dicht an dicht eingestellt, so daß sich die Blätter gerade berühren. Anschließend werden die Ballen vollständig mit Erde abgedeckt und leicht angetreten. Die nachfolgenden Wassergaben sorgen dafür, daß sich eventuelle Hohlräume im Boden verdichten. Sollte Frost bevorstehen, schützt eine Laubschicht oder anderes organisches Material den Wurzelbereich.

Alternativ zum Einschlag können die Pflanzen auch in einem kühleren Raum oder für einige Tage auch im Freiland ohne Einschlag gelagert werden. Man stellt dann die Pflanzen an einem geschützten Ort dicht an dicht zusammen. Um die äußeren Ballen wird etwas Erde angehäufelt. Bei so gelagerten Pflanzen sollte jeden Tag einmal kontrolliert werden, ob die Ballen noch feucht genug sind, andernfalls ist zu wässern. Grundsätzlich sollten aber alle Pflanzen nach dem Einkauf so schnell wie möglich an ihrem vorgesehenen Standort gepflanzt werden.

Pflanzabstände

Die Pflanzabstände sind abhängig von der Größe der Pflanzen und ihrer Wuchsstärke, vom Platzangebot und der Wirkung, die kurzfristig erzielt werden soll. Als Faustregel gilt, daß der Pflanzabstand die doppelte Höhe der Pflanzen betragen soll. 0,5 m hohe Pflanzen erhalten einen Abstand von 1 m, 1,5 m hohe von 3 m. Dieser Abstand reicht bei vielen Sorten für die nächsten 10 Jahre aus. Wenn aber eine möglichst schnelle Wirkung erzielt werden soll, werden die Abstände reduziert. Dies ist bei Heckenpflanzungen der Fall. Hier sollen sich die Pflanzen schon nach kurzer Zeit berühren und möglichst bald schließen.

Enger stehende Pflanzen wachsen besonders gut, da sie sich gegenseitig schützen. Um hier nach einigen Jahren ein Ineinanderwachsen zu verhindern, kann dann jede zweite Pflanze herausgenommen werden. Das spart Arbeit, sonst müßten alle Pflanzen auf einen größeren Abstand gesetzt werden.

Vorbereitung der Pflanzgrube und Pflanzung

Außerhalb des Kronenbereiches größerer Bäume und in genügendem Abstand zu Koniferen werden die Pflanzgruben ausgehoben, die doppelt so breit wie der Ballendurchmesser und etwas tiefer sein sollten. Der Untergrund wird gelockert. Dort, wo der Boden in tieferen Zonen leicht verdichtet, können Holzschnitzel oder grober Kies in Schichten von 5 bis 10 cm eingefüllt werden, um einen sicheren Wasserabzug zu gewährleisten. Die ausgehobene Erde wird in gleichem Verhältnis mit geeigneten organischen Materialien gemischt, übrigbleibende Erde wird gleichmäßig verteilt. Der Aushub von schwereren Böden wird dagegen vollständig verteilt und nicht in Mischungen als Pflanzerde verwendet.

Von der Erdmischung wird ein Teil in das Pflanzloch gegeben, die Pflanze hineingestellt und gerade gerichtet und zwar so, daß sie die beste Seite, ihr Gesicht, dem Betrachter zuwendet. Dann wird das Restsubstrat eingefüllt und der Boden rundherum vorsichtig durch leichtes Antreten zum Ballen hin festgetreten. Kleine Pflanzen werden hingegen nur mit der Hand angedrückt. Ein Gießrand erleichtert die spätere Pflege. Vor der Pflanzung wird noch einmal der Wassergehalt des Wurzelballens geprüft. Zu trockene Pflanzen werden in Wassergefäße gestellt und hierin so lange belassen, bis keine Luftblasen mehr aufsteigen.

Wenn Containerpflanzen nach dem Entfernen des Topfes einen vollkommen mit Wurzeln durchsetzten Ballen aufweisen, ist es sinnvoll, mit einem Messer an mehreren Stellen von oben nach unten etwa 1 cm tief in den Ballen einzuschneiden, um die verfilzten Wurzeln aufzulockern und die Bildung neuer Wurzeln anzuregen. Hierdurch wird das Einwurzeln erheblich verbessert.

Sind ältere Pflanzen auf einen größeren Abstand zu verpflanzen, sollten zunächst die Triebe zusammengebunden werden. Als angemessene Ballengröße ist der halbe Kronendurchmesser vorzusehen. Im Kreis um die Pflanze herum wird nun ein zwei Spaten tiefer Streifen ausgehoben, die Pflanze losgestochen und dann herausgenommen. Bei sehr großen Pflanzen ist es sinnvoll, den Ballen auf Folie oder Säcke zu stellen. So können sie leichter zum neuen Standort gezogen werden. Geeignete Verpflanztermine sind die frostfreien Wochen zwischen September und April. Pflanzen mit zu kleinen Wurzelballen können bei starkem Wind umgedrückt werden. Daher ist es angebracht, die Pflanzen an Pfählen festzubinden, bis sie angewachsen sind.

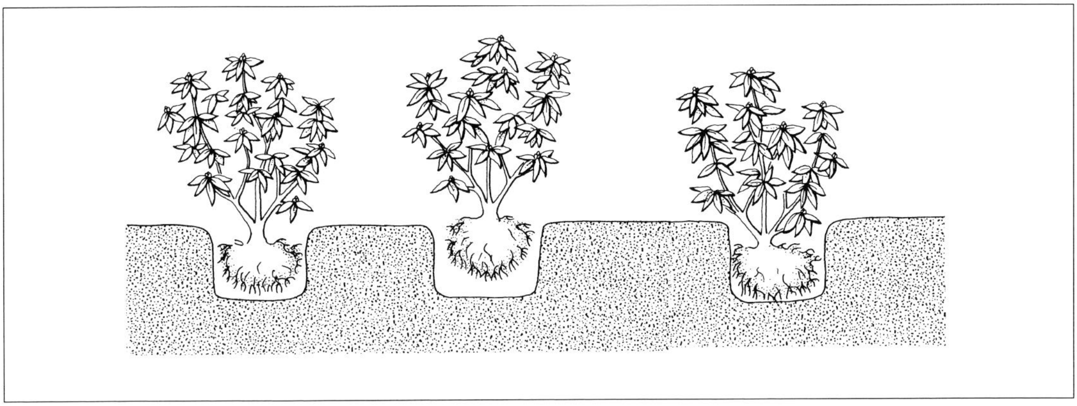

Pflege nach der Pflanzung

Die frisch gesetzten Pflanzen müssen intensiv angegossen werden. Das kräftige Einwässern dient dazu, eventuell vorhandene Hohlräume im Wurzelbereich zu schließen. Bei intensiver Sonneneinstrahlung und austrocknenden Winden ist zu empfehlen, die Pflanzen mehrmals am Tage mit Wasser zu übersprühen. Hierdurch wird die Luftfeuchtigkeit erhöht, die Blattemperatur und die Wasserverluste werden herabgesetzt. Weiterhin wird in den Wochen nach der Pflanzung die Bodenfeuchte wiederholt überprüft. Sollte der Boden zu trocken sein, wird durchdringend gegossen.

Bei späten Pflanzterminen im Sommer ist es durchaus sinnvoll, unter extrem heißen Witterungsbedingungen die Pflanzen zu schattieren und für Windschutz zu sorgen. Dies ist z.B. mit

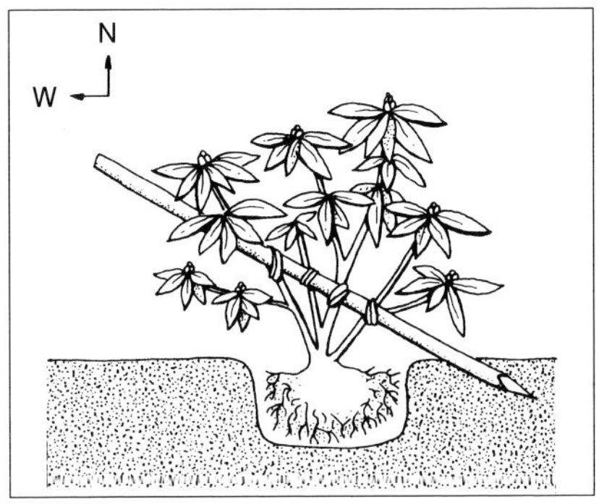

Schutznetzen, die sonst bei Erdbeeren oder Gemüse eingesetzt werden, möglich. Hilfreich ist auch die Abdeckung des Wurzelbereichs mit Mulchmaterialien wie Eichenlaub oder Rinde, um die Wasserverluste aus dem Boden zu reduzieren und für gleichmäßige Bodenfeuchte zu sorgen. Bei späten Pflanzungen im November/Dezember ist dies gleichzeitig auch ein idealer Frostschutz.

Die Größe des Pflanzloches muß auf die Größe des Wurzelballens abgestimmt werden. Auch bei zu hoher (Mitte) und zu tiefer Pflanzung (rechts) können die Pflanzen nicht gedeihen.

Neu gepflanzte größere Exemplare sollten an Pfählen festgebunden werden, damit der Wind sie nicht lokkert oder umdrückt.

Pflegearbeiten

Der Pflegeaufwand ist von den Standortbedingungen abhängig. Im Vergleich zu vielen anderen Pflanzenarten sind Rhododendron und Azaleen aber durchaus pflegeleicht. Direkt nach der Pflanzung und insbesondere bei kleineren Pflanzen lohnt sich eine intensivere Pflege, der Aufwand wird mit den Jahren aber immer geringer.

Wichtige Kulturarbeiten

Unkrautbekämpfung

Besonders nach intensiven Bodenvorbereitungsarbeiten werden verstärkt Samenunkräuter auflaufen, die am besten durch Jäten entfernt werden. Die sonst übliche Bodenbearbeitung mit Spaten, Harke oder Grubber vertragen unsere Rhododendron gar nicht in unmittelbarer Nähe ihres Wurzelbereichs. Es sind Flachwurzler, deren Faserwurzeln zu einem großen Teil in der oberen Bodenzone wachsen. Eine mechanische Unkrautbekämpfung mit Gartengeräten würde hier zu erheblichen Wurzelverletzungen führen. Auch das ständige Betreten der Pflanzfläche führt zu schädlichen Bodenverdichtungen. In älteren Pflanzenbeständen, die einen Großteil des Bodens bedecken, spielen Samenunkräuter später keine so entscheidende Rolle mehr.

Durch Mulch wird ein großer Teil der Samenunkräuter unterdrückt, weniger jedoch die ausdauernden Wurzelunkräuter. Samenunkräuter können aber leicht herausgezogen und Wurzelunkräuter wie z.B. Löwenzahn mit einem Spezialmesser ausgestochen werden. Der manuellen Unkrautbekämpfung sollte immer der Vorrang gegeben werden, chemische Bekämpfungsmaßnahmen mit Blattherbiziden sind natürlich ebenfalls möglich. Bei zu mächtigen Mulchschichten besteht die Gefahr, daß sich darin Wühlmäuse ansiedeln und sich auch der Hauptfeind der Rhododendron, der Dickmaulrüßler, (Käferart) wohlfühlt.

Mulchen

Mit organischen Mulchmaterialien kann eine ausgezeichnete Wirkung gegen Wildkräuter erzielt werden. Mulch ist ein natürlicher Bestandteil der Natur, er dient der Bodenpflege und der Bodenbelebung. So sammeln sich in den Rhododendronbüschen auch in jedem Herbst Blätter an, die zu Humus umgebildet werden und die Pflanzen mit freigesetzten Nährstoffen versorgen. Mulchschichten sorgen weiterhin für ausgeglichene Bodentemperaturen und gleichmäßigere Bodenfeuchte. Sie verhindern auch die Verschlämmung und Verkrustung insbesondere der schweren Böden.

Geeignete Mulchmaterialien sind organische Substanzen, die sich nicht so schnell zersetzen und dabei über lange Zeit stabile Strukturen aufweisen. Hierzu zählen Torf, Rinde, Laub, Koniferennadeln, Schreddergut aus Zweigen und Ästen, Staudenreste, Sägespäne oder auch zerkleinertes Stroh. Für größere Pflanzen ist gröberes, für kleine Pflanzen feineres Material geeignet. Je größer die Pflanzen sind, um so höher können die Mulchschichten aufgetragen werden. Bei Japanischen Azaleen sind Mulchschichten von 3 bis 5 cm, bei starkwüchsigen

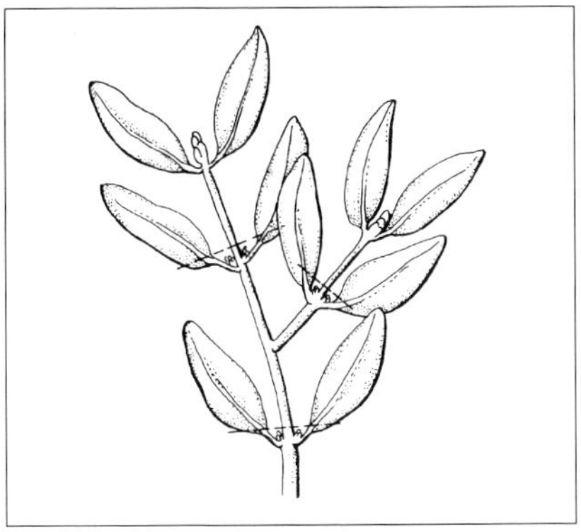

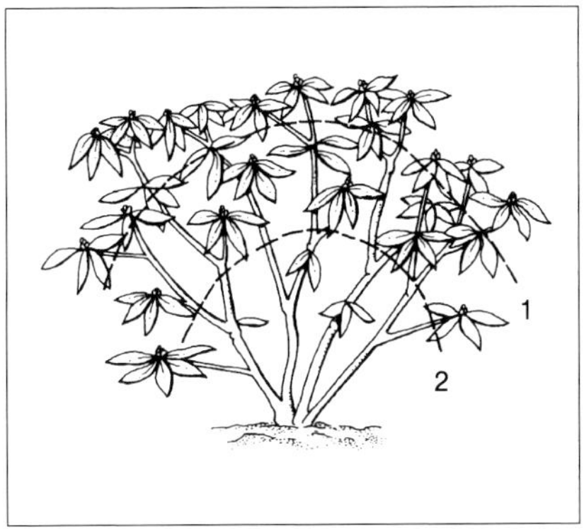

Links: Wenn einzelne Teile zurückgeschnitten werden, sollen die Schnittstellen knapp über einem Blattknoten liegen, ohne die Knospen in den Blattachseln zu verletzen. Rechts: Nach einem leichten Rückschnitt (1) werden die Pflanzen dichter. Für einen völligen Neuaufbau können die Pflanzen aber auch stark zurückgeschnitten werden (2).

Rhododendronhybriden von etwa 10 cm angebracht. Das locker aufgetragene Material wird durch die Bodenlebewesen langsam abgebaut. Die Mulchschichten sollten jedes Jahr ergänzt werden, um den Schwund durch Abbau auszugleichen.

Auch frisches Rasenmähgut ist in dünnen Schichten bis 5 cm verwendbar. Größere Mengen hingegen verhindern den Gasaustausch des Bodens. In locker gelagertes Mulchmaterial dringen die Rhododendronwurzeln recht schnell ein, ein Zeichen, daß sie sich hier besonders wohlfühlen.

Wildtriebe

Zu den wichtigen Kulturarbeiten gehört das Entfernen von »Wildtrieben«. Sollten z.B. bei einer rotblühenden Sorte plötzlich andersfarbige Blüten in Weiß oder Lila auftreten, ist dies ein Hinweis, daß aus der Veredlungsunterlage ein Trieb herausgewachsen ist. Diese Wildtriebe sind meistens sehr wüchsig und können die Edelsorte unterdrücken, daher müssen sie unbedingt so tief wie möglich entfernt werden. Dies kann durch Herausbrechen oder Herausschneiden geschehen.

Schnitt

Rhododendron und Azaleen wurden in der Baumschule so behandelt, daß im Garten kein Rückschnitt mehr erforderlich ist. Sollten aber einzelne Pflanzen zu groß geworden sein, kann ein Rückschnitt vorgenommen werden. Dies ist bei aus Stecklingen herangezogenen Pflanzen sogar bis in die stark verholzten Zweig- und Astpartien möglich. Im alten Holz sind nicht sofort sichtbare schlafende Triebaugen vorhanden, die aktiviert werden und dann austreiben. So kann auch eine ältere Pflanze wieder vollkommen neu aufgebaut werden, allerdings unter Verzicht auf die Blüte im Folgejahr. Bei veredelten Pflanzen besteht bei einem Rückschnitt die Gefahr, daß die Unterlage stärker austreibt als die Edelsorte und letztere dadurch überwachsen wird. Deshalb ist es ratsam, bei durch Veredlung herangezogenen Sorten nur einen mäßigen Rückschnitt vorzunehmen, zumal es Züchtungen gibt, die Schnittmaßnahmen schlecht vertragen.

Auch nach Bruchschäden durch Sturm oder große Schneelasten kann mit überlegtem Rückschnitt benachbarter Zweige das Aussehen der Pflanze wieder »repariert« werden. Für alle Schnittmaßnahmen, ob Form-, Rück- oder Verjüngungsschnitt, ist der Monat März am besten geeignet. Spätere Termine sind weniger gut, da es dann zu einem schwächeren Austrieb kommt und bei älteren Pflanzen das Risiko von Verlusten besteht, insbesondere bei den rot und rosa blühenden Hybriden.

Um einen gleichmäßigen und kräftigen Austrieb zu erzielen, sollte die Mulchschicht im Wurzelbereich erneuert

Wenn man die verwelkten Blütenstutze entfernt, wird der Neuaustrieb gefördert.

oder ergänzt und gleichzeitig gedüngt werden. Wenn dann noch in den nachfolgenden Wochen für gleichbleibende Bodenfeuchte gesorgt wird, haben wir alles für eine gute Weiterentwicklung erreicht. Schwache, kränkelnde und frisch gesetzte Pflanzen sollten von solch radikalen Rückschnittmaßnahmen ausgenommen werden, um Pflanzenverluste zu vermeiden.

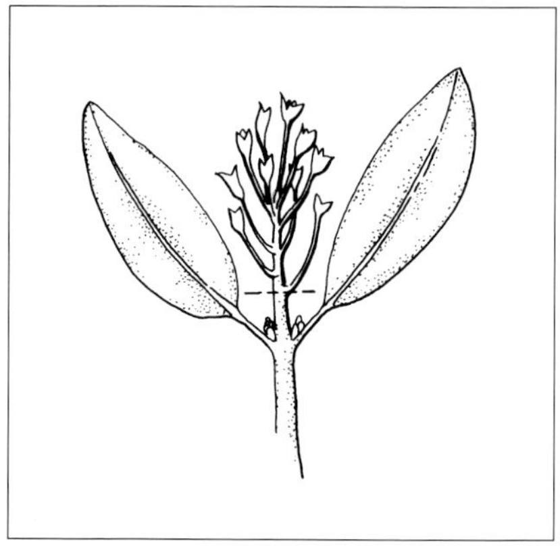

Entfernen der verblühten Blütenstände

Sehr oft wird die Frage gestellt, ob zumindest bei großblumigen Rhododendronhybriden die verblühten Blütenstutze ausgebrochen werden sollten und ob diese Maßnahme zu Vorteilen für die Pflanze führt. Denn bei den Wildarten am Naturstandort verbleiben doch die Samenstände an der Pflanze und fallen erst nach einigen Jahren ab. Mit den Gartenhybriden werden aber ganz andere Ziele verfolgt. Hier sollen gut verzweigte, geschlossene Pflanzen herangezogen werden, die jedes Jahr möglichst viele Blütenknospen ansetzen.

Die verblühten Stutze sehen nicht besonders schön aus, wir können sie daher auch aus optischen Gründen entfernen. Weiterhin sind für die Samenbildung viel Energie und Nährstoffe erforderlich. Diese stehen dann nicht mehr für einen üppigen Austrieb und zur Blütenknospenbildung zur Verfügung. Häufig können wir beobachten, daß an einem Blütentrieb nur verzögert ein neuer, oft zu langer und zu schwacher Trieb neben der Blüte entsteht. Wird hingegen der verwelkte Blütenstutz rechtzeitig herausgebrochen, entwickeln sich meistens 2 bis 3 Neutriebe. Dies ist besonders bei noch jüngeren Pflanzen erwünscht, um einen geschlossenen und vieltriebigen Aufbau zu erzielen. Daher ist es immer sinnvoll, die abwelkenden Blüten möglichst frühzeitig, das heißt innerhalb von etwa 4 Wochen nach der Blüte auszubrechen, eine Kulturmaßnahme, die in allen Baumschulen regelmäßig durchgeführt wird.

Der Blütenstand wird dabei zwischen die Finger genommen und mit dem Daumen seitlich abgedrückt. Nur bei einigen Sorten, bei denen der Blütenstand sehr zäh und fest ist, muß eine Gartenschere benutzt werden. Die Maßnahme soll behutsam erfolgen, um die direkt unter dem Blütenstand sitzenden Triebaugen nicht mit herauszubrechen. Entscheidend ist, den richtigen Zeitpunkt zu treffen. Ist der junge Austrieb bereits vorhanden, besteht die Gefahr, diesen abzubrechen. Es dauert nicht lange, bis sich an den Fingern eine klebrige Schicht bildet. Mit Benzin, Scheuermitteln oder einem Bimsstein ist diese aber einfach zu entfernen.

Das Ausbrechen muß bei kleineren Pflanzen bis etwa 1 m Größe unbedingt durchgeführt werden, ist aber auch bei größeren Hybriden empfehlenswert. Sehr alte Pflanzen haben hingegen so viele Triebe, daß diese Arbeit zu zeitaufwendig ist. Bei kleinblumigen Rhododendronhybriden, schwachwüchsigen Wildarten sowie Azaleen sind solche Maßnahmen nicht durchführbar und auch nicht erforderlich. Ein Teil von ihnen bildet keine Samen aus bzw. treibt so willig, daß das Ausbrechen zu keiner Verbesserung des Blütenansatzes führen würde. Weiterhin wachsen sie bereits so dichtbuschig, daß eine Förderung zusätzlicher Austriebe nicht erforderlich ist.

Richtige Wasserversorgung

Eine gleichmäßige Wasserversorgung ist wohl eine der wichtigsten Pflegemaßnahmen bei Rhododendron. Vor allem während der Blüte- und Austriebzeit haben Rhododendron und Azaleen einen besonders hohen Wasserverbrauch. Gerade im Pflanzjahr ist zur Bildung von neuen Wurzeln eine gleichmäßige Wasserversorgung wichtig. Ältere und fest eingewurzelte Pflanzen sind gegen Wassermangel deutlich widerstandsfähiger. Geradezu jämmerlich wirken Rhododendron in Trockenzeiten, wenn ihre jungen Austriebe und eingerollten Blätter schlaff herunterhängen. Dann dauert es auch nicht mehr lange, bis sich die Blattränder braun verfärben. Erstaunlich ist aber immer wieder, daß sich alte Pflanzen in Parks nach den ersten Regenfällen recht schnell erholen und Trockenzeiten unbeschadet überstehen. Sobald die Pflanzen Anzeichen von Wassermangel zeigen, sollte aber umgehend gegossen werden.

Aufmerksam sind Rhododendron besonders auch im Regenschatten von Bäumen zu kontrollieren sowie nach einem trockenen »Altweibersommer«. Hier reichen die Wasservorräte im Wurzelbereich oft für den bevorstehenden Winter nicht aus. Sollten dann stärkere Fröste in Verbindung mit austrocknenden Ostwinden auftreten, sind die Wasserverluste trotz Einrollens der Blätter so groß, daß die Pflanzen austrocknen können. Sie sterben dann nicht den Kältetod, sondern mitten im Winter den Trockentod! Es kann im Herbst daher durchaus sinnvoll sein, die Pflanzen noch einmal durchdringend zu wässern.

Bewässern – Wann und Wie

Wie häufig bewässert werden muß, ist von verschiedenen Faktoren abhängig. Zu nennen sind hier die Wasserspeicherfähigkeit des Bodens, die Höhe und Art der Mulchschicht sowie die Witterungsbedingungen (u.a. Temperatur, Sonneneinstrahlung, Schatten, Luftfeuchtigkeit und Wind). Sonnige und zugige Standorte oder solche mit leichten, durchlässigen Böden (z.B. Sandböden) besonders ohne Mulchschicht, sind häufiger zu kontrollieren und öfter zu gießen.

Während der Blüte- und Austriebzeit wird das Wasser direkt in den Wurzelbereich gegeben. Denn Wasser kann die Blüte schädigen und bei jungen Austrieben besteht die Gefahr, daß auf den feuchten Blättern Infektionen durch den Grauschimmelpilz (*Botrytis*) entstehen. In allen übrigen Zeiten wird sonst die gesamte Pflanze übersprüht, um die Blatttemperatur herabzusetzen und die Luftfeuchtigkeit zu erhöhen. Dies ist besonders an heißen Tagen mit hoher Lichteinstrahlung sinnvoll, da hier die Gefahr besteht, daß die Blätter Hitze- bzw. Brandschäden erleiden.

Grundsätzlich kann während aller Tageszeiten bewässert werden, die abendliche Versorgung ist wohl aber die ökonomischste. Bei allen Bewässerungsmaßnahmen sind tägliche kleine Wassergaben wenig effektiv. Besser ist es, den Wurzelbereich einmal intensiv zu durchfeuchten und dies dann erst in größeren Abständen zu wiederholen. Dabei sollte das Wasser möglichst 25 bis 30 cm tief in den Boden eindringen. Hierfür sind Wassergaben von 20 bis 30 l/m^2 erforderlich. Nicht selten wird aber ohne jedes Gefühl im Übermaß gewässert und die Pflanzen dann förmlich zu Tode gegossen. Neben der Schlauchbrause können Sprenger, Sprüher oder Regner die Bewässerungsarbeit erleichtern.

Welches Wasser ist geeignet

Für die Versorgung von Rhododendron und Azaleen ist Regenwasser besonders gut geeignet, weil es nur wenige Fremdstoffe enthält. In Norddeutschland werden keine Probleme mit Leitungswasser, auch wenn es gechlort ist, und mit Brunnenwasser auftreten. Das dort geförderte Wasser ist salzarm und weich.

Völlig andere Verhältnisse herrschen hingegen in Süddeutschland, wo oft nur hartes Wasser, das sehr viel Kalzium (Kalk) enthält, zur Verfügung steht. Häufiges Gießen führt dann zum Anstieg des pH-Wertes im Boden mit allen negativen Auswirkungen für die Pflanzen (Wuchshemmungen, Chlorosen). Dem muß dann wieder mit sauren Substraten und physiologisch sauer wirkenden Düngern (Dünger, die u.a. Ammonium enthalten) entgegen gewirkt werden. Hier sollte man möglichst viel Regenwasser verwenden und nur in wenigen Fällen mit Leitungs- oder Brunnenwasser gießen. Besonders im Süden ist eine Gießwasseranalyse angebracht. Dies ist recht leicht mit Indikatorpapier, das u.a. in Apotheken, Zoogeschäften oder Gartencentern erhältlich ist, durchführbar. Noch einfacher ist es, Auskunft beim Wasserwerk einzuholen.

Korrekturen der Wasserqualität sind über chemische Enthärtungsmaßnahmen zu aufwendig. Vorübergehend kann eine Entkalkung mit Torf durchgeführt werden. So senkt 250 g Torf auf 500 l Wasser die Härte um eine Einheit (die Wasserhärte wird in Grad deutscher Härte (°dH) angegeben. Wasser unter 5 °dH wird als sehr weich bezeichnet, bei über 20 °dH als sehr hart). Je weicher das Wasser ist, um so besser ist es für Rhododendron und Azaleen geeignet.

Wasser, das Salzgehalte von über 500 mg/l und Härtegrade über 15 °dH (die Wasserhärte wird durch den Gehalt an gelösten Salzen von Kalzium und Magnesium bestimmt) aufweist, sollte möglichst nicht über lange Zeiträume für die Bewässerung von Rhododendron verwendet werden.

Eine Notlösung kann bei problematischen Wasserqualitäten weiterhelfen. Der Wurzelballen wird mit einer 10 cm hohen Torfschicht bedeckt, in der die Härtebildner zum Teil festgehalten werden. Diese Torfschicht ist dann jedes Jahr zu erneuern, wobei jeweils der noch nicht durchwurzelte Torf vorher entfernt werden sollte. Diese Maßnahme hat sich bereits schon in vielen problematischen Fällen bewährt.

Ernährung und Düngung

Befriedigender Zuwachs und reiche Blütenbildung sind bei Rhododendron und Azaleen nur möglich, wenn ihnen ausreichende Nährstoffmengen zur Verfügung stehen. Dieser Bedarf kann nur über Düngungen gedeckt werden. Düngung bedeutet die durch Pflanzenentzug und Auswaschung bedingten Nährstoffverluste im Boden zu ersetzen. Nährstoffmangel zeigt sich in Blattverfärbungen und Blattschäden, in Kümmerwuchs und mangelnder Blütenbildung.

Viele Gartenliebhaber glauben, daß Rhododendron nur mit Naturdüngern wie z.B. Kuhdung versorgt werden dürften. Die Hauptnährstoffversorgung erfolgt aber heute bevorzugt und mit bestem Erfolg mit Mineraldüngern. Auf nährstoffreichen, gut mit Humus angereicherten Standorten, wo die Rhododendron gesund mit dunkelgrünen Blättern wachsen und reichlich blühen, kann die Düngung reduziert oder gar ganz auf sie verzichtet werden. Denn aus dem Humus werden durch ständige Umwandlungsprozesse den Wurzeln Nährstoffe zur Verfügung gestellt.

Bodenanalyse

Eine gezielte und umweltgerechte Düngung ist nur möglich, wenn die Nährstoffvorräte des Bodens bekannt sind. Man bedient sich hier einer Bodenanalyse. Um eine für die Fläche repräsentative Probe zu gewinnen, wird an etwa 10 Stellen im Garten mit einem Spaten eingestochen und der Boden bis etwa 30 cm Tiefe ausgehoben. An der glatten Ausstichwand wird mit dem Spaten dann von oben nach unten eine Scheibe Boden abgestochen. Von allen Einstichstellen wird die Erde in einem Eimer gesammelt und intensiv durchgemischt. 400 bis 500 g (etwa 0,5 l) dieser Mischprobe werden in einem Plastikbeutel an ein Bodenuntersuchungslabor (Landwirtschaftskammern, spezielle Untersuchungsinstitute) geschickt. Über beson-

Düngungsprogramm für eingewurzelte großblumige Rhododendron und sommergrüne Azaleen mit einem Durchmesser von über 50 cm. Angaben in g/m². Mineraldünger oder alternativ organisch-mineralischer Dünger.		
Düngungstermin	Mineraldünger 15/5/20/2	Org.-min.-Dünger 8/4/10/2
Ende März oder Anfang April	50 g	120 g
Anfang Juni	30 g	80 g
Ende Aug. oder Anfang Sept.	20 g	–

Düngungsprogramm für eingewurzelte kleinblumige Rhododendron, schwachwüchsige Wildarten und Hybriden sowie Japanische Azaleen mit einem Durchmesser von über 20 cm. Angaben in g/m². Mineraldünger oder alternativ organisch-mineralischer Dünger.		
Düngungstermin	Mineraldünger 15/5/20/2	Org.-min.-Dünger 8/4/10/2
Ende März oder Anfang April	30 g	70 g
Anfang Juni	20 g	50 g
Ende Aug. oder Anfang Sept.	10 g	–

ders gute Erfahrungen mit Rhododendron verfügen die Labors in Oldenburg (LUFA) und Hannover (LUFA Hameln), die auf Wunsch auch Düngungsempfehlungen geben. Die Kosten betragen je Probe etwa 30 bis 50 DM.

Nährstoffe und Ballastsalze

Von allen Nährelementen werden Stickstoff, Phosphor, Kalium, Kalzium, Magnesium und Schwefel in größeren Mengen aufgenommen. Sie werden daher als Haupt- oder Makronährstoffe bezeichnet. Rhododendron haben einen besonders hohen Stickstoffbedarf. Stickstoff beeinflußt das Wachstum und die Blütenbildung ganz erheblich. Nur geringe Mengen hingegen werden von den Elementen Bor, Eisen, Kupfer, Mangan, Molybdän und Zink benötigt. Diese bezeichnet man daher auch als Spuren- oder Mikroelemente. Makro- und Mikronährstoffe werden von allen Pflanzen in bestimmten Mengenverhältnissen aufgenommen. Jeder Nährstoff hat bestimmte Aufgaben und Funktionen im pflanzlichen Stoffwechsel zu erfüllen. Auf Mangel oder Überschuß reagieren die Pflanzen spezifisch.

Über Dünger, Gieß- und Regenwasser sowie über die Freisetzung aus der organischen Substanz gelangen Salze in den Wurzelraum der Pflanzen. Hohe Salzanreicherungen sind für Rhododendron schädlich, sie können zu Wurzelverbrennungen führen. Das Wachstum wird eingestellt, es kommt zu Blattverfärbungen und im Extremfall kann die Pflanze absterben. Sollten Anzeichen für zu hohe Salzgehalte (z.B. nach einer überhöhten Düngung) vorliegen, hilft hier nur intensives Wässern.

Dünger

Die komplette Nährstoffversorgung der Rhododendron wird durch den Einsatz von **Volldüngern** erleichtert. Sie enthalten neben den Hauptnährstoffen überwiegend auch alle Spurenelemente. Ihre Anwendung und Dosierung ist recht einfach. Bei den organischen Düngern sind die Nährstoffe in organischer Substanz gebunden. Sie müssen vor der Aufnahme über die Wurzeln zunächst durch Mikroorganismen umgebaut werden (Mineralisierung). Der Nährstofffluß ist langsam, Überdüngungsschäden durch Salzanreicherungen treten kaum auf. Die Nährstoffgehalte dieser Dünger sind meistens gering, entsprechend müssen sie höher dosiert werden. Als organische Dünger seien hier genannt: Blutmehl (14% N), Hornspäne (14% N), Knochenmehl (30% P_2O_5) und Rinderdung (2 bis 3% N, 1,5 bis 2,5% P_2O_5, 2 bis 4% K_2O). Sehr viele Rhododendronliebhaber können insbesondere bei Rinderdung auf gute Erfahrungen hinweisen. Mist von Pferden, Schweinen oder Hühnern sollte vor der Verwendung zunächst mit Torf kompostiert werden.

Mineralische Volldünger enthalten alle Haupt- und Spurennährstoffe in mineralischer Form (Salzdünger, Nährsalze). Sie lösen sich recht leicht in Wasser oder nach Niederschlägen auf. Dann stehen den Pflanzen ohne Umwandlungsprozesse alle Nährstoffe sofort zur Verfügung. Sie sind allerdings leichter auswaschbar und bei ihnen besteht die Gefahr von Wurzelverbrennungen, wenn zu große Düngermengen verabreicht wurden. Sowohl von den organischen als auch von den mineralischen Formen werden Spezialdünger für Rhododendron angeboten, die durchaus gut, aber auch sehr teuer sind. Organisch-mineralische Dünger sind Mischungen aus den vorher genannten Düngern, sie enthalten sowohl organisch gebundene als auch sofort verfügbare mineralische Nährstoffe.

Weiterhin werden Dauerdünger angeboten, die zum Teil eine aus verharzten Pflanzenölen bestehende Hülle besitzen, die durchlässig ist. Tritt Wasser in das Innere, werden Nährstoffe aufgelöst und durch die Hülle an das Substrat abgegeben. Dieser Prozeß ist temperaturabhängig. Solche Dünger sind hervorragend für Rhododendron geeignet, wegen des hohen Preises werden sie aber nicht im Garten eingesetzt, sondern nur in Pflanzgefäßen. Hier werden pro l Substrat 2 g auf die Substratoberfläche abgelegt. Regen und Bewässerung sorgen dann dafür, daß Nährstoffe über viele Monate in den Wurzelraum eingespült werden.

Spurenelementdünger enthalten nur Mikronährstoffe, sie werden als Pulver, Granulat oder flüssig formuliert angeboten. Ihre Aufwandmengen sind sehr gering und betragen nur einige g pro m^2. Kalk ist ebenfalls ein Dünger, der die wichtigen Pflanzennährstoffe Kalzium und Magnesium enthält. Wie die anderen Nährstoffe auch, wird er durch Niederschläge ausgewaschen. Neben der Versorgung der Pflanzen mit Kalzium und Magnesium dient die Bodenkalkung auch dazu, die Bodensäuren zu neutralisieren. Denn Mikroorganismen, Niederschläge, Pflanzenwurzeln und die Düngung versauern den Boden.

So unglaublich dies auch klingen mag – Rhododendron benötigen Kalk! Sie nehmen die Nährstoffe **Kalzium** und **Magnesium**, die lebensnotwendig sind, aus dem Kalk auf. Daher werden in allen Baumschulen auch die Rhododendronbestände gekalkt. Bei pH-Werten von 4,5 bis 5,5 geschieht dies alle zwei Jahre, bei pH-Werten unter 4 jedes Jahr mit 50 bis 100 g Kalkmergel (= kohlensaurer Kalk) bzw. 50 g Hüttenkalk pro m^2. Wo höhere pH-Werte im Boden nachgewiesen wurden und wo mit hartem Wasser gegossen wird, ist die Kalzium- und Magnesiumversorgung sichergestellt. Hier darf nicht zusätzlich gekalkt werden! Bei einem zu hohen Kalkangebot wird die Eisenaufnahme blockiert, was sofort zu Chlorosen (Gelbverfärbungen der Blätter) führt. Man kann dann nur noch versuchen, mit Düngern, die die Nährstoffe Magnesium, Kalium und Eisen enthalten, diesem entgegenzuwirken. So bringt oft schon die Düngung mit Magnesiumsulfat (= Bittersalz, 50 g/m^2) etwas Besserung. Besonders geeignet sind die eisenhaltigen Dünger Fetrilon und Sequestren 238 Fe.

Bei Pflanzungen im Herbst werden nur noch geringe Düngermengen (15 bis 20 g/m²) gegeben, um Nährstoffauswaschungsverluste durch die Winterniederschläge zu vermeiden. Die Dünger werden unter das Laub bzw. um die Pflanzen herum auf den feuchten Boden breitflächig gestreut, aber immer im Abstand zum Stamm von mindestens 20 cm, also nie in die Pflanzenmitte oder über die Pflanzen, weil es sonst zu Schäden an den Wurzeln und Blättern kommt.

Bei dicken **Mulchschichten**, die zur Stickstoffbindung neigen, kann im Frühjahr noch zusätzlich 20 g/m² schwefelsaures Ammoniak gegeben werden. Ab 1,5 m Höhe können die Nährstoffgaben dem zunehmenden Bedarf entsprechend um 30 bis 50% angehoben werden. Auch auf leichten Böden oder nach starken Niederschlägen, wenn die Pflanzen Blattaufhellungen zeigen und die älteren Blätter gelb werden, sind zusätzliche Düngungen zu empfehlen. Wichtig ist, daß der Boden nach einer Düngung nicht austrocknet, um Wurzelverbrennungen zu vermeiden. Grundsätzlich sind alle Dünger vor Feuchtigkeit zu schützen und trocken aufzubewahren.

Winterhärte und Winterschutz

Sorten mit geringerer Frosthärte benötigen windgeschützte Standorte z.B. hinter Gartenzäunen, Hausmauern oder großen Koniferen. Um Frostschäden zu vermeiden, sollten besonders bei Japanischen Azaleen und frostempfindlichen Rhododendronhybriden in extremen Wintern weitere Schutzmaßnahmen ergriffen werden. Die Materialien sollen möglichst luftdurchlässig sein, um Erwärmung und Dauerfeuchtigkeit zu vermeiden. Im November/Dezember werden um die Pflanzen z.B. kräftigere Koniferenzweige (Kiefer/Fichte) in die Erde gesteckt, während leichtere Zweige direkt auf die Pflanzen gelegt werden.

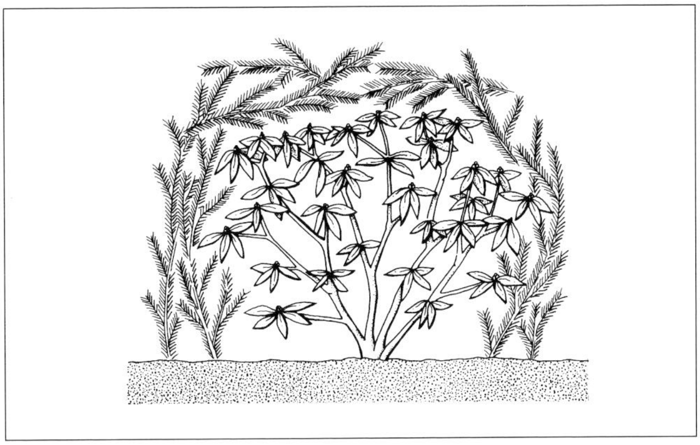

Frostempfindliche Arten und Sorten kann man im Winter schützen, indem man sie mit Zweigen von Nadelgehölzen abdeckt.

Dies ergibt einen hervorragenden Schutz gegen austrocknende Winde und gegen die Wintersonne, die bei Frost die Blätter erwärmt und zu Wasserverlusten durch Transpiration führt. Auch ungehäckseltes Langstroh kann bei extremen Frösten einen sehr guten Schutz ergeben. Bei großen Pflanzen haben sich engmaschige Schutznetze bewährt, die sonst im Gemüsegarten Verwendung finden. Um die Pflanzen gestreuter Laubmulch verhindert, daß der Boden zu schnell durchfriert. Dann können die Pflanzen entsprechend länger Wasser aufnehmen. Die Schutzmaterialien werden zum Winterausgang, etwa Ende März, wieder entfernt. Dann können die Koniferenzweige geschreddert und als Mulch unter die Pflanzen gestreut werden.

Schnee bietet grundsätzlich den besten Winterschutz. Nach starken Schneefällen ist die Last auf den Pflanzen aber so groß, daß sich die Zweige stark herunterbiegen oder gar brechen. Übermäßige Schneemengen sollten dann rechtzeitig und sehr vorsichtig von den Pflanzen geschüttelt werden. Früh blühende und früh austreibende Arten und Sorten sind grundsätzlich im April/Mai durch Spätfröste gefährdet, zwar nicht die Pflanze selbst, sondern nur die Jungtriebe und Blüten. Für einige Frostnächte können zumindest bei kleineren Pflanzen Abdeckungen mit Folie, Papier, Pappe, Kartons und Tüchern weiterhelfen.

Krankheiten und Pflanzenschutz

Die Erfahrungen zeigen, daß bei Rhododendron und Azaleen Schadsymptome in weit mehr als 50% der Fälle nicht auf Krankheiten zurückzuführen sind. Ungeeignete Standorte und Bodeneigenschaften, falsche Nährstoffversorgung und Wassergaben, extreme Witterungsbedingungen und Fehler bei der Pflege zeigen sich in Wuchshemmungen, Verfärbungen und Absterbeerscheinungen.

Frostschäden

Nicht ausreichend abgehärtetes Pflanzengewebe ist äußerst frostempfindlich. So werden die zweiten Austriebe, die sich bei einigen Sorten im Spätsommer bilden und noch nicht ausgereift sind, bei den ersten Frühfrösten im September/ Oktober oft schwer geschädigt. Die Blätter und Triebe verfärben sich schwarz und sterben dann ab, allerdings ohne weiteren Schaden für die Pflanze.

Gleiche Schäden entstehen im Frühjahr an Pflanzen, die bereits zeitig im April/Anfang Mai blühen oder ausgetrieben sind. Sowohl die Blüten als auch die zarten Austriebe erfrieren; nur leicht geschädigte Blätter zeigen dann auffällige Wachstumsanomalien. Die frostgeschädigten Pflanzenteile können problemlos herausgeschnitten werden.

Bei weniger winterharten Arten und Sorten können in strengen Wintern ebenfalls Frostschäden auftreten. Die Blattränder und die Blattspreiten verbräunen, Zweige und Triebe platzen auf und zeigen längliche Risse. Auch sterben die Blütenanlagen in den Knospen ab. Solche Schäden sind häufiger an Japanischen Azaleen zu beobachten, wenn in der Zeit von März bis April starke Temperaturschwankungen, tags hohe Temperaturen, nachts schärfere Fröste, auftreten. Die Pflanzen stehen »voll im Saft« und ihre Triebe platzen dann auf. Einzelne Zweigpartien oder sogar die ganze Pflanze können absterben, ein Schaden der dann oft erst im Mai/Juni bemerkt wird.

Andere witterungsbedingte Schäden

Auch Schäden durch Hitze bzw. durch zu intensive Sonneneinstrahlung (Sonnenbrand), die sich in Verbräunungen der Blattspreite zeigen, können auftreten. Solche Symptome sind dann zu beobachten, wenn nach einer längeren Schlechtwetterperiode ein plötzlicher Wetterumschwung erfolgt. Weitere witterungsbedingte Schäden sind auf Wind oder Hagel zurückzuführen, wobei Triebe und Zweige abgerissen oder Blätter verletzt werden.

An schattigen, luftfeuchten Gartenstandorten überziehen häufig Grünalgen Triebe, Blätter und Knospen. Den Blättern wird viel Sonnenlicht entzogen, was zur frühzeitigen Vergreisung der Pflanzen führt. Es ist kein schöner Anblick, wenn die Grünalgen alle Pflanzenteile verunzieren. Eine Bekämpfung der Algen ist zwar grundsätzlich möglich, aber nicht sinnvoll, da die Ursachen der Veralgung nicht beseitigt werden. Sinnvoller wäre es, eventuell vorhandene Bäume aufzuasten und für mehr Luftbewegung zu sorgen, damit die Pflanzen schneller abtrocknen.

Schäden durch Nährstoffe und Wasser

Nährstoffmangel und -überschuß an einzelnen Nährelementen äußert sich in charakteristischen Verfärbungen der Blätter und in Anomalien des Pflanzengewebes. In Zweifelsfällen wird eine Bodenanalyse weiterhelfen. Nährstoffmangel reduziert das Wachstum und führt zu einer verminderten Blütenbildung.

Stickstoffmangel: Die Blätter verfärben sich zunächst hellgrün, im unteren Pflanzenbereich gelb-rot. In den Monaten August und September kommt es zum verstärkten Abwurf der älteren Blätter, die Pflanzen verkahlen und vergreisen frühzeitig. Zuwachs und Blattgröße sind reduziert, Blütenknospen werden kaum noch gebildet.

Phosphormangel tritt nur selten auf. Hinweise sind unnatürlich blaugrüne Blätter, die unterseits rötlich verfärbt sind.

Kalimangel äußert sich zunächst an Aufhellungen der Blattränder mit nachfolgenden Blattrandverbräunungen und braunen Flecken auf der Blattspreite. Es ist ein relativ seltenes Erscheinungsbild.

Magnesiummangel tritt häufiger auf Böden auf, die viel Kalzium enthalten. Hier sind besonders die älteren Blätter gescheckt oder marmoriert. In einem späten Stadium verbräunt das Gewebe zwischen den Blattadern.

Neben Spurenelementen wie Kupfer, Mangan u.a. ist für die Pflanzenentwicklung auch Eisen von großer Bedeutung. Eisenmangel tritt besonders bei höheren pH-Werten (über pH 6), bei Trockenheit, zu hohen Phosphorgehalten im Boden und zu hohen Rindenhumusgaben (nicht gütegesicherte Rinde) auf. Die jungen Blätter sind zunächst hellgelb gefärbt, später sind chlorotische Aufhellungen zu sehen (Eisenmangelchlorose), während die Blattadern noch grün sind.

Auch für Nährstoffüberschuß gibt es eindeutige Hinweise. So sind die Blätter bei überhöhter Stickstoffdüngung intensiv dunkelgrün gefärbt und unnatürlich groß. Eine überhöhte Düngung führt zu hohen Salzanreicherungen im Wurzelbereich. Die Wurzeln sterben ab und an den Blatträndern werden dann Verbräunungen (Nekrosen) sichtbar.

Auch Wassermangel führt zu eindeutigen Symptomen. Die frischen Austriebe hängen schlaff herunter, die älteren Blätter rollen sich ein. Dies bedeutet noch nicht den Tod der Pflanzen, es ist eine reine Schutzfunktion, um die Wasserverluste zu minimieren.

Längerer Wasserüberschuß und Staunässe begünstigen Wurzelfäulen. Die Blätter verfärben sich graugrün und noch vor dem Austrieb wird ein Teil abgeworfen.

Krankheiten und Schädlinge

Unter weniger günstigen Wachstumsbedingungen können durchaus einmal Krankheiten oder Schadtiere auftreten. Eine genaue Diagnose ist für den Laien oft schwierig, daher sollte möglichst ein Pflanzenschutzfachmann befragt werden. Er gibt auch Auskunft über mögliche Behandlungen.

Viren und Bakterien, die bei vielen Kulturpflanzen erhebliche Schäden und Ausfälle verursachen, spielen bei Rhododendron und Azaleen so gut wie keine Rolle und können daher hier außer Betracht bleiben.

Die meisten Erkrankungen werden durch Pilze verursacht. Diese schmarotzen in oder auf der Pflanze. Dabei entziehen sie für ihr eigenes Wachstum lebensnotwendige Nährstoffe. Hieraus resultieren punktförmige Absterbeerscheinungen, Blattflecken, Knospenfäulen, Triebwelken oder das völlige Absterben der Pflanzen. Auch kommen Erkrankungen im Wurzelbereich vor. Die Ausbreitung der Pilze erfolgt durchweg über Sporen, die unter anderem durch Wind und Regen verfrachtet werden. Sie können sich also recht schnell innerhalb eines Pflanzenbestandes ausbreiten. Daher sind rechtzeitige Gegenmaßnahmen angebracht wie das Entfernen erkrankter Pflanzenteile oder auch der Einsatz von Pilzbekämpfungsmitteln (Fungizide).

Nachfolgend werden die wichtigsten an Rhododendron und Azaleen vorkommenden Erkrankungen besprochen.

Blatt- und Knospenerkrankungen

Sie werden durchaus häufiger an Rhododendron festgestellt, ohne daß die Pflanzen an sich gefährdet wären.

Blattfleckenkrankheiten: Auf den Blattober- und Blattunterseiten erscheinen unterschiedlich große runde bis ekkige Flecken. Sie sind rötlichbraun bis dunkelbraun gefärbt oder von einem rötlichen Rand umgeben. Nach der Infektion werden die Blätter oft frühzeitig abgeworfen. Verursacher sind verschiedene pilzliche Erreger.

Gegenmaßnahme: Die befallenen Blätter, auch die am Boden liegenden, sollten regelmäßig und sehr sorgfältig eingesammelt und über den Müll entsorgt werden. Dies beugt weiteren Infektionen vor. Sollte keine Besserung eintreten, ist der Einsatz von Pilzbekämpfungsmitteln angebracht.

Alpenrosenrost: Im Spätsommer (September) treten auf den Blättern einiger kleinwüchsiger Wildarten, zuweilen auch von Japanischen Azaleen, kleine rötlichbraune Flecken auf. Blattunterseits befinden sich gelbbraune stäubende Sporenlager.

Gegenmaßnahme: Sollte diese Erkrankung wiederholt festgestellt werden, sind nur chemische Bekämpfungsmaßnahmen mit speziellen Fungiziden wirksam.

Grauschimmel/Botrytis: *Botrytis* ist ein Allerweltsparasit, der den meisten Hobbygärtnern durch sein mausgraues, watteartiges Pilzgeflecht gut bekannt ist. Standorte mit geringer Luftbewegung, zu dichte Pflanzenbestände und kühle regenreiche Wetterperioden begünstigen den Pilz. Ab Ende Juni befällt er nur die noch nicht ausgereiften neugebildeten Blätter und Triebe.

Die bräunlichen Faulstellen sind später mit einem grauen Pilzbelag überzogen (stäubende Sporenlager).

Gegenmaßnahme: Bei den ersten Befallsanzeichen sollten die geschädigten Blätter und Triebe entfernt werden.

Ohrläppchenkrankheit: Bei einigen kleinblättrigen Wildarten und Japanischen Azaleen verdicken sich einzelne Blätter, Triebspitzen oder auch Blütenblätter zu fleischigen, gallenartigen Gebilden. Sie sind gelbgrün, weißlich oder rötlich gefärbt. Infektionen treten bevorzugt nach kühlen und regenreichen Perioden im Spätsommer auf.

Gegenmaßnahme: Noch bevor sich die fleischigen Gebilde mit einem weißlichen Sporenrasen überziehen, sind die befallenen Pflanzenteile abzusammeln. Der Erfolg einer solchen Maßnahme ist ausreichend gut, so daß sich eine chemische Behandlung erübrigt.

Knospensterben: In zahlreichen Rhododendronbeständen tritt in den letzten Jahren zunehmend eine Erkrankung der Blütenknospen auf. Diese verbräunen und trocknen ein. Später verfärben sie sich schwärzlich und bilden kleine, säulenförmige Pilzfruchtkörper, die aus den Knospenschuppen herausragen. Die abgestorbenen Knospen fallen nicht ab; es sind immer mehrere Knospengenerationen auf einer Pflanze vorhanden, die stets neue Infektionsherde darstellen. Erkrankungen erfolgen bereits im Sommer, wenn 9 mm lange Zikaden, die rote Streifen auf grünen Flügeldecken aufweisen, bei der Eiablage am Knospengrund Verletzungen verursachen. Diese Verletzungen ermöglichen es dem Pilz, in die Knospen einzudringen.

Gegenmaßnahme: Alle befallenen Knospen werden gewissenhaft ausgebrochen und über den Müll entsorgt. Hiermit kann schon sehr viel erreicht werden. Wiederholte chemische Maßnahmen gegen die Zikaden sind in besonders schweren Fällen denkbar.

Echter Mehltau: In Nordamerika sind Echte Mehltaupilze an Rhododendren schon länger bekannt. Seit Mitte der 1990-er Jahre werden in Deutschland und dem benachbarten Ausland zunehmend insbesondere Laub abwerfende Azaleen befallen. Anfangs treten runde gelbgrüne Blattflecken auf, später ist meist auf der Blattunterseite ein weißer Mehltaubelag zu sehen. Stark befallene Blätter werden oft schon im August abgeworfen.

Gegenmaßnahme: Sobald an den Blättern erste Symptome sichtbar werden, sind für den Hausgarten zugelassene Pilzbekämpfungsmittel wiederholt einzusetzen. Auch die Anwendung von Netzschwefel ist möglich, kann aber bei ungünstiger Witterung (sehr niedrige oder sehr hohe Temperaturen) zu Blattverbrennungen führen.

Trieb- und Stammerkrankungen

Trieberkrankungen sind bei Rhododendron besonders gefürchtet, weil sie oft spät erkannt werden und dann zum Tod der Pflanzen führen können.

Trieb- oder Zweigsterben (= Phytophthora-Welke): Zu beobachten ist, daß die Blätter und Knospen an den Triebenden sich zunächst fahlgrün und später braun verfärben und dann welk am Trieb herabhängen. Später werden auch ältere Zweigpartien befallen, bis die gesamte Pflanze abgestorben ist. Besonders gefährdet sind frostgeschädigte Pflanzen, deren Rinde aufgeplatzt ist bzw. Pflanzen auf nassen Standorten.

Seit Mitte des Jahres 1995 tritt in einigen Ländern Europas an Rhododendron eine neue Pilzart, **Phytophthora ramorum**, auf. Sie ruft in erster Linie ein Zweigsterben hervor, Blätter und Knospen können ebenfalls infiziert werden. Der Befallsbeginn ist zuerst an den rotbraunen Triebspitzen zu erkennen, die sich dann nachfolgend schwarz verfärben. Eine Infektionsgefahr besteht vor allem bei feuchtwarmer Witterung.

Gegenmaßnahme: Die befallenen Triebe sind bis weit in das gesunde Holz zurückzuschneiden, um die Krankheit aufzuhalten und die Pflanze zu retten. Abgeschnittene Triebe und abgefallene Blätter sind über die Mülltonne zu entsorgen. Wässern Sie in den späten Abendstunden nicht das Laub, da stehendes Wasser auf den Blättern den Pilzbefall fördert. Im Anfangsstadium sind die dafür zugelassenen Pilzbekämpfungsmittel wirksam. Zu stark befallene Pflanzen sind nicht mehr zu retten und müssen daher mit ihrem Wurzelballen aus dem Garten entfernt werden. Vermeiden Sie unbedingt Staunässesituationen.

Tierische Schädlinge

Die meisten Pflanzenschädlinge gehören den Klassen der Spinnentiere (Spinn- und Weichhautmilben) und Insekten (u.a. Blattläuse, Wanzen, Zikaden, Käfer) an. Schäden entstehen durch Zerbeißen von Pflanzengewebe, durch Saugtätigkeit und durch Ausscheidungen, die in das Gewebe abgegeben werden.

Spinnmilben und andere Milbenarten saugen mit ihren Mundwerkzeugen blattunterseits oder in den Triebspitzen den Inhalt der Pflanzenzellen aus. Die Blätter befallener Pflanzen sind fahl gelblichgrün oder silbrig gesprenkelt. Sie verbräunen und können dann frühzeitig abgeworfen werden. Weichhautmilben und Gallmilben sind besonders an Azaleen anzutreffen. Ihre Triebe sind dann gestaucht, die Blätter an der Spitze klein und zusammengerollt. Gute Entwicklungsbedingungen finden die Milben bei sehr warmer und trockener Witterung.

Gegenmaßnahme: Nur wiederholte Behandlungen mit Pflanzenschutzmitteln garantieren einen sicheren Erfolg. Trockene und warme Standorte sind zu meiden und gefährdete Pflanzen sollten in etwas windoffenere und schattige Gartenbereiche gepflanzt werden.

Blattläuse besitzen stechend-saugende Mundwerkzeuge, mit denen sie die Leitbahnen der Pflanzen erreichen. Über-

Typisch für das vom Dickmaulrüßler verursachte Schadbild ist der Buchtenfraß an den Blättern.

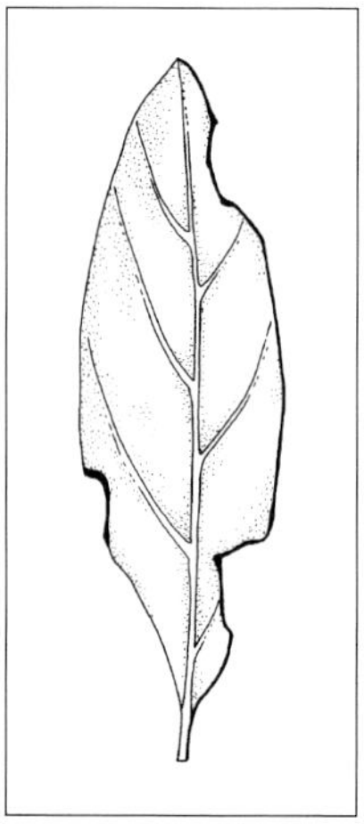

schüssige Zuckerverbindungen werden von ihnen als »Honigtau« wieder ausgeschieden. Ihre Speichelabsonderungen führen zu Blattkräuselungen und Verkrüppelungen. Alte und ausgereifte Blätter werden nicht besaugt.

Gegenmaßnahme: Ein geringer Befall regelt sich von selbst, da er durch natürliche Feinde wie Florfliegen und Marienkäfer getilgt wird. Durchaus wirksam ist das wiederholte Abspritzen der Pflanzen mit dem Wasserschlauch. Außer einigen verkrüppelten Blättern entstehen für die Pflanzen keine größeren Schäden. Bei zu starkem Befall ist der Einsatz von nützlingsschonenden Insektiziden zu empfehlen (z.B. Pirimor).

Weiße Fliegen gehören zu den Mottenschildläusen. Sie sitzen wie ihre Larven bevorzugt blattunterseits von großblumigen Rhododendronhybriden und saugen hier Pflanzensäfte. Es entstehen gelbliche Sprenkelungen und Verschmutzungen durch Kotausscheidungen. Sie sind ab Ende Juni/Anfang Juli an windabgekehrten, geschützten Standorten anzutreffen und führen nur zu geringen Schäden an den jungen Blättern.

Gegenmaßnahme: Eine chemische Bekämpfung in kurzen Abständen wiederholt, ist nur bei einer sehr großen Tierzahl angebracht. Biologische Maßnahmen mit käuflichen Schlupfwespen sind im Freiland nicht ganz sicher. Catawbiense-Sorten sind an etwas windoffeneren, kühleren und schattigen Standorten zu pflanzen, denn Weiße Fliegen lieben Wärme.

Rhododendron-Hautwanzen rufen hellgelbe, mosaikartige Flecken auf den Blättern hervor. Etwa 4 mm lange Wanzen mit glasklaren Flügeln sowie ihre dunkel gefärbten Larven saugen blattunterseits und verschmutzen die Blätter mit braunschwarzen Kottröpfchen. Bevorzugt werden Catawbiense- und Ponticum-Hybriden an warmen und sonnigen Standorten. Aus den Wintereiern schlüpfen Ende Mai/Anfang Juni die flügellosen Larven, die sofort mit ihrer Saugtätigkeit beginnen.

Gegenmaßnahme: Der Befall wird oft erst spät erkannt. Erwachsene Tiere und ihre Larven können nur mit chemischen Präparaten, die auch unter die Blätter gelangen müssen, bekämpft werden.

Gefurchter Dickmaulrüßler: Diese Käferart gehört zu den gefürchtetsten tierischen Schädlingen an Rhododendron. Der Käfer frißt während der Nacht die Blätter vom Rand her an und hinterläßt ein charakteristisches Bild, den Buchtenfraß. Sowohl an jungen wie an alten Pflanzen wird auch die Rinde am Wurzelhals befressen. Verantwortlich ist ein flugunfähiger 1 cm langer Rüsselkäfer. Am Tage bleibt er unter Laub oder in der oberen Erdkrume verborgen. Aus seinen Eiern schlüpfen gelblich weiße Larven, die braunköpfig und beinlos sind. Die bis 1,2 cm langen Larven verursachen einen noch größeren Schaden. Sie fressen an den Saugwurzeln und zerstören die Rinde am Stammgrund, was zum Absterben der Pflanze führen kann.

Gegenmaßnahme: Eine chemische Bekämpfung von Larven und Käfern bringt guten Erfolg. Unter feuchten Brettchen, die unter die Pflanzen gelegt werden, verkriecht sich der Käfer am Tage und ist dann leicht einzusammeln. Eine hervorragende Bekämpfungsmöglichkeit ist der Einsatz von insektenpathogenen Nematoden der Gattung Heterorhabditis, die im Fachhandel bezogen werden können. Die Nematoden sind auf Käfer und Larven als Nahrungsquelle spezialisiert. Gewisse Erfolge zeigt auch die Anwendung von 30 bis 50 g/m^2 Kalkstickstoff, der im Februar/März unter die Sträucher gestreut wird.

Rhododendron und Azaleen erfolgreich vermehren

Die Vermehrung ist durchaus mit den für Hobbygärtnern zur Verfügung stehenden Hilfsmitteln möglich. Es muß aber bedacht werden, daß für Eigenvermehrungen lange Zeiträume einzuplanen sind, in denen die Pflanzen ständig kontrolliert werden müssen.

Vermehrung aus Samen

Die natürliche Vermehrungsart bei Wildarten ist die über Samen. Alle Nachkommen ähneln hier ihren Eltern. Dies ist auch bei Aussaaten von Rhododendronsorten der Fall. Es entstehen häufiger abweichende Formen, Farben und Eigenschaften, die nur selten besser sind, als die der Eltern. Die Bestäubung der Blüten erfolgt im Garten zufällig über Hummeln oder wir führen sie zielgerichtet durch, indem Kreuzungspartner ausgewählt und die Bestäubung manuell vorgenommen wird.

Rund 4 bis 5 Monate nach der Befruchtung beginnen die Samenkapseln unter leichter Braunfärbung zu reifen. In der Zeit von etwa Mitte September bis Ende Oktober werden dann bei trockenem Wetter die Kapseln geerntet. Sie dürfen noch nicht geöffnet sein, sonst ist ein Teil der Samen durch Ausfallen bereits verloren. In den Kapseln sind jeweils mehrere Tausend Samen vorhanden, die je nach Art und Sorte Keimraten von 60 bis 90% aufweisen können. Sie sind sehr klein und tragen »Flügelchen« oder sind auch ungeflügelt.

Die geernteten Samenkapseln werden an einem trockenen, warmen Ort für die Nachreife gelagert bis sie von selbst aufspringen. Der restliche Samen wird aus den Kapseln geschüttelt, das Saatgut dann gereinigt, indem Reste der Kapseln entfernt werden. In geschlossenen Tütchen oder Gläsern wird der Samen nun bis zur Aussaat aufbewahrt. Frühe Aussaaten sind bereits im Winter möglich, aber nur mit Belichtung. Einfacher sind Aussaaten im Februar/März im Gewächshaus, ab April in geheizten Niederglaskästen und Folientunneln oder ab Mai im Freiland.

Für die Aussaat werden im Fachhandel flache Kunststoffkistchen mit Abdeckhauben angeboten; geeignet sind aber auch größere Plastik- und Tontöpfe, die mit speziellem Vermehrungssubstrat oder mit gesiebter Humuserde (Torf, Rindenhumus, Lauberde) gefüllt werden. Der optimale pH-Wert liegt bei pH 4,5 bis 5,5, daher sollte reinem Torf 1 g/l kohlensaurer Kalk zugefügt werden. Das Substrat wird leicht angedrückt und mit einer feinen Gießbrause angegossen. Die Aussaat erfolgt nicht zu dicht, damit die Sämlinge später nicht zu eng stehen. Rhododendron sind Lichtkeimer, daher dürfen die Samen nicht mit Substrat abgedeckt werden.

Die Aussaatgefäße werden nun mit Glasscheiben oder Folien abgedeckt und bei 18 bis 22 °C gehalten. Bei höheren Temperaturen besteht die Gefahr der Fäulnisbildung, bei niedrigeren Temperaturen wird die Keimung verzögert. Die Sämlinge laufen in der Regel nach 2 bis 3 Wochen auf, nach 4 bis 5 Wochen erfolgt keine weitere Keimung mehr. Jetzt werden die Aussaatgefäße langsam abgedeckt und die Sämlinge abgehärtet. Geeignet sind Standorte mit niedrigeren Temperaturen und möglichst viel Licht, jedoch ohne direkte Sonneneinstrahlung.

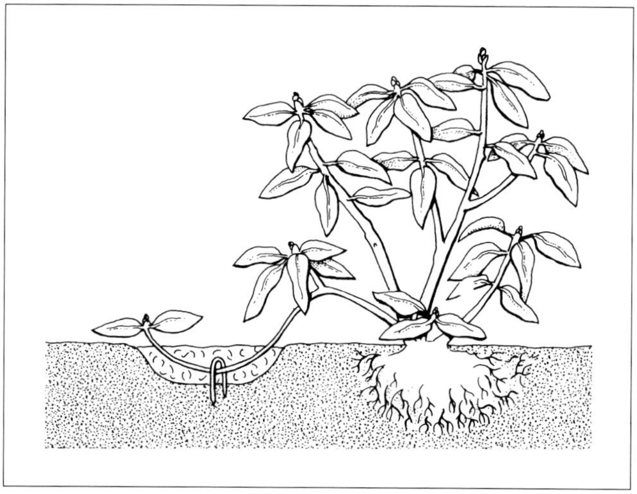

Die Vermehrung durch Absenker ist die einfachste Vermehrungsmethode und in fast jedem Garten durchführbar.

Bei nicht allzu dichtem Stand können die Sämlinge über Wochen in den Aussaatgefäßen verbleiben, bis sie ihre ersten Laubblätter entfaltet haben. Mit den ersten Blüten ist nach etwa 3 bis 5 Jahren zu rechnen, ein Augenblick voller Überraschungen!

Vermehrung durch Absenker

Absenker können recht einfach und ohne große Hilfsmittel gewonnen werden, eine besonders gute und erfolgreiche Methode für Hobbygärtner! Was man allerdings benötigt, ist Geduld. Alle Absenker besitzen im Gegensatz zu Sämlingen genau die gleichen Eigenschaften wie ihre Eltern. Bei Zwergrhododendron und Japanischen Azaleen, die etwas tiefer als normal gepflanzt worden sind, werden im Frühjahr die Triebe mit organischen Materialien (Torf, Lauberde, Rindenhumus u.a.) angehäufelt, bis sie auch im Pflanzeninneren etwa 5 cm bedeckt sind. Wenn nun das Substrat über Monate gleichmäßig feucht gehalten wird, bilden sich im Laufe des Jahres an einigen Trieben Wurzeln. Diese Triebe können dann im Frühjahr des folgenden Jahres, noch vor dem Austrieb, abgetrennt und separat aufgepflanzt werden.

Dieses einfache Verfahren ist bei großblumigen Rhododendronhybriden nicht durchführbar. Hier werden bodennahe, noch elastische und nicht allzu verholzte Triebe im Frühjahr ausgewählt. Unter ihnen wird eine etwa 10 cm tiefe, seitlich abgeflachte Mulde ausgehoben und ein Trieb, der an der tiefsten Stelle vorher eingekerbt wurde, hineingedrückt. Mit einem Drahthaken oder einem Stein wird er in dieser Position fixiert. Nachfolgend wird die Grube mit organischen Materialien so hoch verfüllt, bis das beblätterte Triebende noch knapp aus dem Boden herausragt. An der eingekerbten Stelle findet nun die Bildung von Wundgewebe, dem sogenannten Kallusgewebe, statt, aus dem später neue Wurzeln entstehen.

Nach etwa 2 Jahren haben sich ausreichende Wurzelmengen gebildet, um diese Triebe dann im September/Oktober mit einer Gartenschere vorsichtig abzuschneiden und getrennt aufzupflanzen. Längst nicht alle Sorten, dies gilt sowohl für Azaleen als auch für Rhododendron, lassen sich durch Absenker vermehren.

Vermehrung durch Stecklinge

In den Baumschulen ist die Vermehrung von Rhododendron und Azaleen über Stecklinge wohl die wichtigste Methode. Die Bewurzelungsergebnisse sind aber auch in der Praxis nicht immer gleich gut, daher dürften für Hobbygärtner Veredlungen sicherer sein.

Wichtige Erfolgsfaktoren bei Stecklingsvermehrungen sind u.a. die Art oder Sorte, der Reifegrad der Stecklinge, der Vermehrungszeitpunkt und die Vermehrungsbedingungen. Recht gut sind Japanische Azaleen, schwachwüchsige Rhododendronhybriden und kleinblättrige Wildarten über Stecklinge zu vermehren. Bei den großblumigen Hybriden sind es besonders 'Cunningham's White' (auch für Veredlungsunterlagen) und einige Catawbiense-Sorten. Viele großblumige Rhododendronhybriden und besonders die sommergrünen Azaleen bereiten hier erhebliche Probleme.

Als Vermehrungsorte kommen Hobbygewächshäuser, Niederglaskästen, Folientunnel oder ganz einfach auch die Fensterbank in Frage. Gesteckt wird in Vermehrungskisten, Multitopfplatten, Tonschalen oder in flache Blumentöpfe. Reiner Weißtorf oder Mischungen aus Torf mit Sand im Verhältnis 3 zu 1 und 1 g/l Kalk sowie von der Industrie angebotene Spezialsubstrate sind die geeigneten Vermehrungsmedien. Das Stecksubstrat wird in die Gefäße gegeben, leicht angedrückt und gut befeuchtet. Als günstige Vermehrungstermine haben sich bei den sommergrünen Azaleen die Monate Mai/Juni, bei den Japanischen Azaleen die Monate August/ September und bei den groß- sowie kleinblumigen Rhododendronhybriden die Monate von Mitte Juli bis Anfang September erwiesen. Dort, wo ausreichende Bodenwärme gegeben werden kann, sind auch bei der letzten Gruppe die Monate September/ Oktober sowie Januar geeignet.

Stecklinge von jüngeren Pflanzen und dünnen Trieben bewurzeln leichter als zu dicke Triebe. Geeignete Triebe werden mit einem scharfen Messer geschnitten, wobei die Stecklingslänge bei Zwergrhododendron etwa 2 bis 3 cm, bei Japanischen Azaleen 2 bis 4 cm, bei sommergrünen Azaleen 5 bis 7 cm und bei großblumigen Hybriden bis zu 10 cm beträgt. Die Schnittbasis wird nun unterhalb des letzten Auges schräg angeschnitten und seitlich eine Rindenverwundung durch einen 1 bis 2 cm langen Schnitt bis auf den Holzteil vorgenommen. Diese Verwundung regt eine schnelle Gewebeneubildung an (Kallus), aus der sich dann die Wurzeln entwickeln. Bei großblumigen Hybriden werden die vorhandenen Blütenknospen ausgebrochen, die Blattzahl auf 4 bis 6 Blätter reduziert und die Blattfläche mit dem Messer um 30 bis 50% eingekürzt.

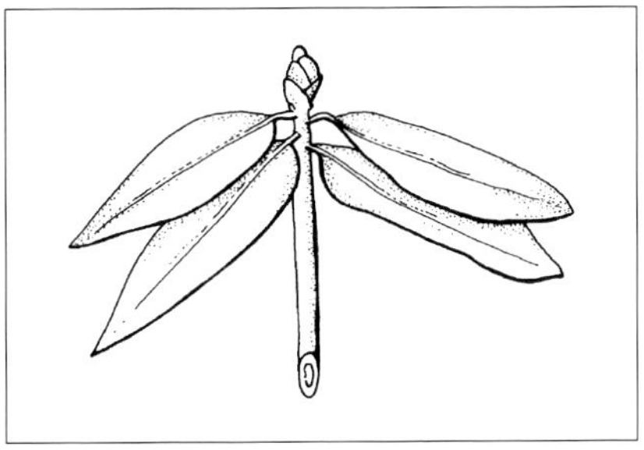

Wichtig für den Erfolg der Stecklingsvermehrung sind Größe und Reifegrad der Stecklinge.

Nur schwierig zu bewurzelnde Sorten erhalten eine Zusatzbehandlung mit Bewurzelungshormonen. Die Stecklingsbasis wird in das Hormonpulver getupft und die Kallusbildung hierdurch beschleunigt. In frischem Zustand, unmittelbar nach dem Schnitt, werden die Stecklinge 1 bis 3 cm tief in das Substrat eingedrückt und nachfolgend mit einer feinen Brause angegossen. Die Vermehrungsgefäße werden nun knapp über den Stecklingen mit Glasscheiben, Folien oder transparenten Kunststoffhauben abgedeckt und bei 18 bis 20 °C aufgestellt. Bei intensiver Sonneneinstrahlung müssen die Stecklinge durch weiße »Milchfolie« oder auch Zeitungspapier vor zu hohen Temperaturen und Verbrennungen geschützt werden. Besser ist es, die

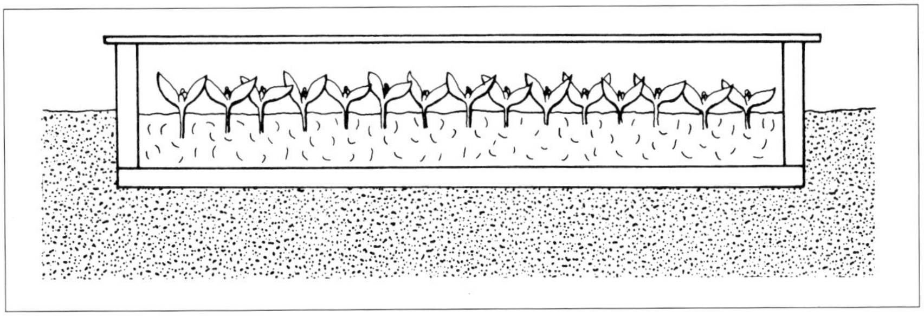

Stecklinge müssen mit Glasscheiben oder Folien abgedeckt und bei 18 bis 20 °C aufgestellt werden.

Stecklingsgefäße zwar möglichst hell, nicht aber der direkten Sonne ausgesetzt, aufzustellen. An der Folie bzw. der Glasscheibe bildet sich nun Kondenswasser, ein Zeichen, daß die Luft zu 100% wassergesättigt ist. Dies ist unbedingt erforderlich, um die Stecklinge, die ja noch über keine Wurzeln verfügen, vor Wasserverlusten zu schützen.

Die Einhaltung der optimalen Bewurzelungsbedingungen muß täglich kontrolliert werden. Wasserverluste werden dabei ersetzt und eventuell durch Pilze befallenes Pflanzenmaterial entfernt. Die Bewurzelungszeit ist von verschiedenen Faktoren abhängig. Schnellwurzelnde Arten und Sorten sind bereits nach 4 bis 5 Wochen bewurzelt, bei den anderen kann es sogar über 3 Monate dauern. Wenn genügend Wurzeln vorhanden sind, werden die Stecklinge durch zeitweises Öffnen der Folie oder Glasscheibe langsam an die Außenbedingungen gewöhnt, wobei auch die Temperatur nun etwas tiefer liegen kann.

Vermehrung durch Veredlung

Vorbedingung für die Veredlung von Rhododendron und Azaleen ist, daß bewurzelte Pflanzen als Unterlage zur Verfügung stehen, auf die dann der Trieb einer Sorte (»Edelreis«) aufgepropft wird (dieser Vorgang wird als Veredlung bezeichnet). Geeignete Unterlagen sind für Rhododendron 1- bis 2jährige aus Stecklingen vermehrte 'Cunningham's White' oder Catawbiense-Hybriden sowie 3- bis 5jährige Sämlinge von *R. catawbiense*. Für Azaleen kommen 4- bis 5jährige Sämlinge von *A. pontica* (= *R. luteum*) oder *A. mollis* (=*R. japonicum*) in Frage. Dabei sollen die Unterlagen Durchmesser von 6 bis 10 mm und einen festen Wurzelballen aufweisen. Für Hobbyvermehrer sind in Töpfen angezogene Unterlagen besonders leicht zu handhaben. Vermehrungsorte sind kleine Gewächshäuser, Niederglaskästen, Folientunnel oder Vermehrungskisten mit transparenten Abdeckhauben. Die einfachste Form ist die Veredlung von getopften Unterlagen, die dann in einem Folienbeutel auf dem Fensterbrett stehen.

Günstige Veredlungszeiten sind bei Azaleen die Monate Juni und Juli, wenn die Triebe noch nicht völlig verholzt sind. Rhododendron werden in den Baumschulen mit guten Ergebnissen im Januar/Februar veredelt, da hier die Temperatur über Bodenwärme gut steuerbar ist. Für den Hobbygärtner, der meist nicht über die notwendigen Techniken verfügt, sind die Monate März bis Mai und die Zeit von Mitte August bis Mitte September zu bevorzugen. Bei Veredlungsterminen im zeitigen Frühjahr werden die Unterlagen rund 4 Wochen vorher bei etwa 15 °C warmgestellt, um sie zur Neubildung von Wurzeln anzuregen. Der geeignete Veredlungstermin ist gekommen, wenn die Unterlage neue weiße Wurzeln zu bilden beginnt. Zu späterer Zeit kann sofort auf die von draußen hereingeholten Unterlagen veredelt werden.

Im Freiland werden bei Azaleen halbverholzte, nicht zu weiche Triebe als Edelreiser geschnitten, bei Rhododendron sind es die ausgereiften Vorjahrestriebe bzw. bei Spätsommervermehrungen ihre abgehärteten Jahrestriebe. Die Länge beträgt etwa 8 bis 10 cm. Gute Veredlungsergebnisse werden erzielt, wenn Edelreis und Unterlage den gleichen Triebdurchmesser aufweisen. Vorhandene Blütenknospen werden ausgebrochen und die Blattzahl auf etwa 6 Blätter reduziert, die dann noch zusätzlich eingekürzt werden können. Die Veredlung selbst kann in unterschiedlichen Techniken ausgeführt werden.

Bei der Kopulation wird die Unterlage 5 bis 6 cm über dem Wurzelballen abgeschnitten und alle Blätter entfernt. Zur Schnittstelle wird von unten ein mindestens 3 cm langer Kopulierschnitt ausgeführt, beim Edelreis ebenfalls, aber in umgekehrter Richtung von oben nach unten. Unterlage und Edelreis werden nun fest zusammengefügt und mit einem Gummiband oder Wollfaden verbunden. Dabei ist es unbedingt erforderlich, daß Kambium auf Kambium zu liegen kommt, sonst erfolgt kein Verwachsen. Einfacher für den ungeübten Hobbygärtner ist das seitliche Anplatten. Die Unterlage wird hierbei auf um etwa ⅓ ihrer Länge eingekürzt und die Blätter an der Veredlungsstelle werden entfernt. Von oben nach unten wird ein 3 bis 4 cm langer Schnitt bis auf den Holzteil ausgeführt. Die freigelegte »Zunge« wird entfernt. Das Edelreis wird nun leicht schräg angeschnitten. Die Schnittform muß genau in die Kerbe der Unterlage passen. Edelreis und Unterlage werden dann fest verbunden.

Das »Sattelpfropfen« ist besonders gut für kurze Reiser geeignet. Hierbei wird die Unterlage 4 bis 5 cm über dem Boden von zwei Seiten keilförmig zugeschnitten während das Edelreis einen Längsschnitt nach oben erhält. Beide Teile werden zusammengefügt und verbunden.

Frische Veredlungen werden sofort an die vorgesehenen Standorte gebracht, wobei die Töpfe oder Ballenpflanzen in humosem Substrat eingefüttert werden. Um eine möglichst hohe Luftfeuchtigkeit zu erzielen, werden die Pflanzen nun mit Folie abgedeckt und Temperaturen um 16 bis 20 °C gehalten. Dies fördert die Wundverheilung und das Verwachsen von Edelreis und Unterlage. Überhitzung darf nicht auftreten, bei Sonneneinstrahlung muß sofort schattiert werden.

Neben der Temperatur wird mindestens einmal wöchentlich auch auf ausreichende Substratfeuchte sowie Fäulnisbildung kontrolliert. In Abhängigkeit der Wachstumsbedingungen sind die Veredlungen nach 4 bis 8 Wochen verwachsen und können nun an die äußeren Bedingungen gewöhnt werden. Hierzu öffnet man die Folie für kurze Zeit und senkt die Temperatur ab. Wenn das Edelreis aber beginnt, die Blätter etwas hängen zu lassen, wird die Folie wieder verschlossen.

Bei fest verwachsenen und völlig abgehärteten Veredlungen werden je nach

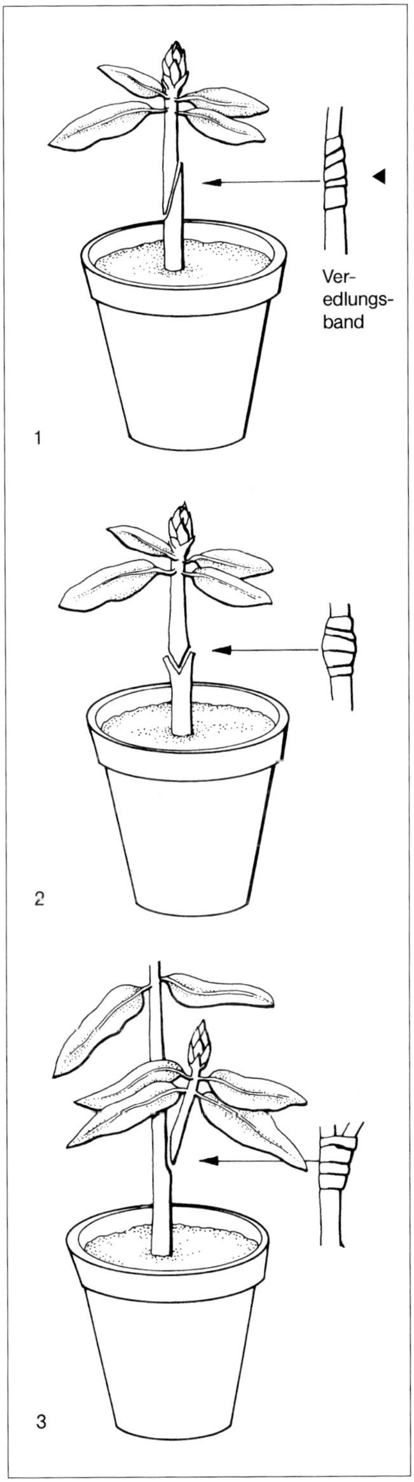

Bei den verschiedenen Veredlungsformen werden Unterlagen und Edelreiser in unterschiedlicher Weise verbunden: Kopulation (1), Spaltpfropfen (2), seitliches Anplatten (3).

Veredlungsart eventuell überstehende Reste der Unterlage abgeschnitten, das Verbindungsmaterial sowie Wildtriebe, falls vorhanden, entfernt. Nun können die Pflanzen im Freiland weiterwachsen.

Jungpflanzen pflegen

Nach völliger Abhärtung und guter Weiterentwicklung werden alle vermehrten Pflanzen im Freiland, Niederglaskasten, Folienhaus oder im Glashaus auf einen größeren Abstand verpflanzt. Die geeigneten Substrate wurden bereits verschiedentlich angesprochen. Der Abstand beträgt je nach Größe der Jungpflanzen bei Sämlingen etwa 5 × 5 cm, bei Stecklingen etwa 10 × 10 cm und bei Veredlungen etwa 20 × 20 cm. Dieser Abstand reicht jeweils für ein Jahr aus.

Kurz nachdem die Pflänzchen in das neue Substrat eingewurzelt sind, erhalten sie ihre erste Düngung in flüssiger Form (aufgelöster Salzdünger z.B. der Formulierung 15/11/15/1, 0,5 g/l). Mit einer Aufwandmenge von 2 bis 3 l/m^2 wird er über die Pflanzen gegossen. Bis Mitte Juli folgen wöchentlich weitere Düngungen, wobei die Konzentration zwischenzeitlich auf 2 bis 3 g/l angehoben wird. Zur Monatsmitte wird die Düngung eingestellt, damit die Pflanzen bis zum Winter gut ausreifen können.

Zu den weiteren Kulturarbeiten gehört neben der regelmäßigen Wasserversorgung das Ausbrechen von Triebknospen und der Rückschnitt von aus der Form wachsender Trieben. Diese Maßnahmen sollen eine starke Verzweigung fördern und für einen gleichmäßigen Pflanzenaufbau sorgen. Die noch sehr empfindlichen »Jungpflanzen« sind im ersten Winter ausreichend zu schützen. Ein strenger Winter würde sonst die gesamte Arbeit gefährden, für jeden Rhododendronliebhaber ein schmerzlicher Verlust!

Weitere empfehlenswerte Rhododendron

Art/Sorte	Sortengruppe	Züchter/Einführungsjahr	Blütenfarbe/Zeichnung	Blütezeit	Wuchsform	Winterhärte	Bemerkungen
'Azurro'	Großbl.-Hyb.	H. Hachmann, 1986	dkl. violett, schwarzer Fleck	M. Mai	breit aufrecht	gut	schön vor hellem Hintergrund
'Azurwolke'	Kleinbl.-Hyb.	H. Hachmann, 1971	lilablau	A. Mai	locker, rundlich	gut	verträgt volle Sonne
'Bad Eilsen'	Repens-Hyb.	D. Hobbie, 1965	scharlachrot, bräunliche Zeichnung	A. Mai	breitrund	gut	auch für Gefäße
'Bad Zwischenahn'	Yakush.-Hyb.	J. Bruns, 1981	hellrosa, dklrote Zeichnung	M. Mai	flachrund	gut	auch für Gefäße
'Bismarck'	Großbl.-Hyb.	T.J.R. Seidel, 1900	rosa-weiß mit rötlich-brauner Zeichnung	Mai/Juni	dichtbuschig	gut	braune Knospen
'Blinklicht'	Großbl.-Hyb.	H. Hachmann, 1982	reinrot mit braunroter Zeichnung	Mai/Juni	breit aufrecht	gut	Blattnerven treten hervor
'Brasilia'	Großbl.-Hyb.	H. Hachmann, 1982	orangerosa mit gelb, bräunliche Punkte	M. Mai	breit aufrecht	gut	dreifarbige Besonderheit
'Brigitte'	Großbl.-Hyb.	H. Hachmann, 1980	weiß mit rosa Saum, gelbgrüne Zeichnung	Mai/Juni	breitrund	gut	schönes Laub
'Britannia'	Großbl.-Hyb.	C. B. van Nes, Holland, 1921 entstanden	karminrot mit bräunlicher Zeichnung	Mai/Juni	kompakt, breit	mäßig	Winterschutz zu empfehlen
'Caractacus'	Großbl.-Hyb.	unbekannt, vor 1865 in England entstanden	purpurrot mit rotbrauner Zeichnung	Mai/Juni	breit aufrecht	sehr gut	alt bewährt, auch für rauhe Lagen
'Catawbiense Album'	Großbl.-Hyb.	unbekannt, vor 1896 in England entstanden	weiß mit gelbgrüner Zeichnung	Mai/Juni	rund aufrecht	gut	sehr robust
'Constanze'	Großbl.-Hyb.	H. Hachmann, 1975	reinrosa, dunkelrote Zeichnung	Mai/Juni	breit aufrecht	sehr gut	auch für rauhe Lagen

Fortsetzung: Weitere empfehlenswerte Rhododendron

Art/Sorte	Sortengruppe	Züchter/Einführungsjahr	Blütenfarbe/Zeichnung	Blütezeit	Wuchsform	Winterhärte	Bemerkungen
'Diadem'	Großbl.-Hyb.	H. Hachmann, 1983	hellrosa mit dunkelrotem Fleck	Mai	breit aufrecht	gut	für lichten Schatten
'Edward S. Rand'	Großbl.-Hyb.	A. Waterer, 1870 in England entstanden	purpurrot mit grünbrauner Zeichnung	Mai	kompakt	gut	bewährte Sorte
'Effner'	Großbl.-Hyb.	T.J.R. Seidel, 1895 entstanden	lila mit grüngelber Zeichnung	Mai/Juni	breit, geschlossen	gut	robuste Sorte
'Emanuela'	Yakush.-Hyb.	H. Hachmann, 1985	rosa, innen weiß mit gelbgrüner Zeichnung	Mai	flachrund	sehr gut	für Liebhaber
'Fastuosum Flore Pleno'	Großbl.-Hyb.	Gebrüder Francoisi, vor 1846 in Belgien entstanden	lila mit grüngelber Zeichnung	Mai/Juni	aufrecht kompakt	gut	Blüten halb gefüllt
'Freya Heinje'	Yakush.-Hyb.	D. Heinje, 1988	hellrot mit weißem Zentrum und dklroter Zeichnung	Mai/Juni	breitrund	gut	auch für kleine Gärten
'Gletschernacht'	Kleinbl.-Hyb.	H. Hachmann, 1976	violett-blau, weiße Staubgefäße	Mai	straff aufrecht	gut	auch für trockenere Standorte
'Gloria'	Großbl.-Hyb.	J. Bruns, 1980	creme mit orangegelber Zeichnung	Mai/Juni	breitrund	gut	besonders schön in Einzelstellung
'Goldbukett'	Großbl.-Hyb.	H. Hachmann, 1980	gelb mit dklroter Zeichnung und rotem Basalfleck	Mai	breitrund	gut	auch für kleine Gärten
'Goldsworth Yellow'	Großbl.-Hyb.	W. Slocock, 1925 in England entstanden	hellgelb mit braunroter Zeichnung	Mai/Juni	breit, locker	befriedigend	bekannteste gelbe Sorte
'Hachmann's Charmant'	Großbl.-Hyb.	H. Hachmann, 1991	weiß mit roter Zeichnung, zweifarbig	Mai/Juni	breit aufrecht	gut	voll zu empfehlen
'Homer II'	Großbl.-Hyb.	T.J.R. Seidel, vor 1916 entstanden	rosa mit roter Zeichnung	Mai	breit aufrecht	befriedigend	schöne Liebhabersorte

Fortsetzung: Weitere empfehlenswerte Rhododendron

Art/Sorte	Sortengruppe	Züchter/Einführungsjahr	Blütenfarbe/Zeichnung	Blütezeit	Wuchsform	Winterhärte	Bemerkungen
'Ignatius Sargent'	Großbl.-Hyb.	A. Waterer, vor 1900 in England entstanden	rosa mit dkl.roter Zeichnung	Mai/Juni	breit aufrecht	sehr gut	auch für rauhe Klimate
'Inamorata'	Großbl.-Hyb.	D. Hobbie, um 1948 entstanden	hellgelb mit rotem Fleck	Juni/Juli	breit aufrecht	befriedigend	für geschützte Standorte
'Janet Blair'	Großbl.-Hyb.	D.G. Leach, 1962, USA	weiß mit grüngelber Zeichnung	Mai/Juni	breit aufrecht	gut	hitzetolerant
'Kalinka'	Yakush.-Hyb.	H. Hachmann, 1983	rosa, mit gelbgrüner Zeichnung	Mai/Juni	rund kompakt	gut	gut für kleinere Gärten
'Karl Sauerborn'	Großbl.-Hyb.	D. Hobbie, um 1950/53 entstanden	gelb mit bräunlicher Zeichnung	Mai	breit aufrecht	gut	Liebhabersorte
'Kluis Sensation'	Großbl.-Hyb.	A. Kluis, Holland, vor 1946	rot mit schwarz punktierter Zeichnung	Mai/Juni	dichtbuschig	mäßig	für geschützte Standorte
'Kokardia'	Großbl.-Hyb.	H. Hachmann, 1978	rubinrosa mit schwarzrotem Fleck	Mai/Juni	breit aufrecht	gut	voll zu empfehlen
'Lissabon'	Will.-Hyb.	V. Martin, 1964	rosarot mit dunkelroter Zeichnung	Mai	aufrecht rund	gut	für schattige Lagen
'Marianne von Weizsäcker'	Großbl.-Hyb.	J. Bruns, 1990	leuchtend rot	Mai/Juni	breit kompakt	gut	sehr schöne Neuheit
'Mrs. J. G. Millais'	Großbl.-Hyb.	A. Waterer, vor 1917 in England entstanden	weiß mit gelbem Fleck	Mai/Juni	breit aufrecht	befriedigend	schöne Liebhabersorte
'Mrs. P. den Ouden'	Großbl.-Hyb.	H. den Ouden, 1912 in Holland entstanden	rubinrot mit hellgrüner Zeichnung	Mai/Juni	breit kompakt	gut	bewährte Sorte
'Old Port'	Großbl.-Hyb.	A. Waterer, 1865 in England entstanden	violettrot mit dunkelbrauner Zeichnung	Mai/Juni	breit aufrecht	gut	auch für vollsonnige Standorte
'Ornament'	Großbl.-Hyb.	H. Hachmann, 1978	lilarosa mit schwarzrotem Fleck	Mai/Juni	rund kompakt	gut	ausdrucksvolle Blüten

Fortsetzung: Weitere empfehlenswerte Rhododendron

Art/Sorte	Sortengruppe	Züchter/Einführungsjahr	Blütenfarbe/Zeichnung	Blütezeit	Wuchsform	Winterhärte	Bemerkungen
'Pink Drift'	Kleinbl.-Hyb.	H. White, 1955 in England in den Handel gegeben	leuchtend rosa	Mai	schwach kompakt	gut	verträgt volle Sonne
'Pink Pearl'	Großbl.-Hyb.	A. Waterer, vor 1896 in England entstanden	hellrosa mit rotbrauner Zeichnung	Mai/Juni	aufrecht	mäßig	für geschützte Standorte
'P. J. M.'	Kleinbl.-Hyb.	E. V. Mezitt, 1975, USA	purpurlila bis purpurrosa	April/Mai	aufrecht	sehr gut	hitze- und kältebeständig, robust
'Princess Anne'	Kleinbl.-Hyb.	W. S. Reuthe, vor 1961 in England entstanden	hellgelb mit gelbgrüner Zeichnung	April/Mai	flach, zwergig	befriedigend	schöne Liebhabersorte
'Prinz Karneval'	Großbl.-Hyb.	H. Robenek, 1993	hellrot, Schlund weiß mit gelblicher Zeichnung	Mai/Juni	breit aufrecht	befriedigend	für Liebhaber zweifarbiger Sorten
'Progres'	Großbl.-Hyb.	unbekannt, vor 1938 entstanden	lilarosa-weißrosa mit roter Zeichnung	Mai	breit aufrecht	gut	bewährte Sorte, treibfähig
'Purpureum Elegans'	Großbl.-Hyb.	A. Waterer, vor 1850 in England entstanden	purpurviolett mit rötlicher Zeichnung	Mai/Juni	breit aufrecht	sehr gut	sehr robuste Sorte
'Radistrotum'	Kleinbl.-Hyb.	G. Arends, 1940	purpurrot	Mai	kissenförmig	gut	für Steingärten, robust
'Rosa Perle'	Großbl.-Hyb.	J. Bruns, 1975	rosa mit rötlicher Zeichnung	Mai/Juni	kompakt rund	gut	auch für kleinere Gärten
'Rosa Wunder'	Großbl.-Hyb.	J. Bruns, 1976	rosa mit roter Zeichnung	Mai	kompakt rund	mäßig	für geschützte Standorte
'Rothenburg'	Williams-Hyb.	V. v. Martin, 1968	hellgelb mit dunkelroter Zeichnung	April/Mai	breit aufrecht	mäßig	für geschützte Standorte

Fortsetzung: Weitere empfehlenswerte Rhododendron

Art/Sorte	Sortengruppe	Züchter/Einführungsjahr	Blütenfarbe/Zeichnung	Blütezeit	Wuchsform	Winterhärte	Bemerkungen
'Rödhätte'	Williams-Hyb.	D. Hobbie, 1970	blutrot	Mai/Juni	breit geschlossen	gut	verträgt höhere pH-Werte
'Satin'	Repens-Hyb.	D. Hobbie, 1974	rosarot	April/Mai	breitrund, gedrungen	befriedigend	für geschützte Standorte
'Schneebukett'	Großbl.-Hyb.	H. Hachmann, 1979	weiß mit dunkelroter Zeichnung	Mai/Juni	rund und dicht	gut	dekorative Blüten
'Schneekrone'	Yakush.-Hyb.	H. Hachmann, 1982	reinweiß mit brauner Zeichnung	Mai/Juni	flach rund	gut	für viele Standorte zu empfehlen
'Schneespiegel'	Großbl.-Hyb.	H. Hachmann, 1988	reinweiß mit weinrotem Fleck	Mai	breit kompakt	gut	auffallend schöne Hybride
'Seestadt Bremerhaven'	Großbl.-Hyb.	H. Nosbüsch, 1983	hellrosa mit gelbgrüner Zeichnung	Mai/Juni	breitrund kompakt	gut	Blätter sind sehr dekorativ
'Spätlese'	Großbl.-Hyb.	G. D. Böhlje, 1977	hellrosa mit dunkelrotem Basalfleck	M. Juni	aufrecht	befriedigend	wertvoll wegen später Blüte
'Stadt Westerstede'	Großbl.-Hyb.	G. D. Böhlje, 1982	hellgelb mit grünlich-gelber Zeichnung und rotem Basalfleck	Mai/Juni	breit aufrecht	gut	sehr schöne Hybride
'Susan'	Großbl.-Hyb.	J. C. Williams, vor 1930 in England entstanden	zartlila, im Zentrum weiß mit violettroter Zeichnung	A. Mai	breit aufrecht	gut	dekorative Blätter, Frühblüher
'Tatjana'	Yakush.-Hyb.	H. Hachmann, 1983	purpurrosa, weißes Zentrum mit rötlicher Zeichnung	Mai/Juni	mehr breit als hoch	gut	Blüten hitzebeständig, robust

Weitere empfehlenswerte Azaleen

Art/Sorte	Sortengruppe	Züchter/Einführungsjahr	Blütenfarbe/Zeichnung	Blütezeit	Wuchsform	Winterhärte	Bemerkungen
'Aida'	Rustica-Hyb.	vor 1900 in Belgien entstanden	hellrosa	Mai	gedrungen	gut	gefüllte Blüten
'Aladdin'	Jap. Azalee	W. C. Hage, vor 1943 in Holland entstanden	leuchtend rot	Mai	breit gedrungen	befriedigend	Winterschutz zu empfehlen
'Annabella'	KnapHill-Hyb.	L. de Rothschild, 1947 in England herausgebracht	orangegelb mit rötlichem Saum	Mai/Juni	aufrecht	gut	schöner Austrieb
'Anne Frank'	Jap. Azalee	W. Nagel, 1965 entstanden	reinrosa	Mai	breit kompakt	gut	überzeugende Winterhärte
'Bouquet de Flore'	Genter-Hyb.	A. Verschaffelt, vor 1869 in Belgien entstanden	lachsrosa mit weißem Streifen sowie gelboranger Zeichnung	Mai/Juni	breit aufrecht	gut	blühwillig, interessantes Farbspiel
'Corneille'	Genter-Hyb.	C. Vuylsteke, vor 1900 in Belgien entstanden	hellrosa	Mai/Juni	breit aufrecht	gut	schöne Herbstfärbung
'Favorite'	Jap. Azalee	V. van Nes, um 1920 in Holland entstanden	rosarot mit rotbrauner Zeichnung	Mai	breit aufrecht	befriedigend	Winterschutz empfehlenswert
'Feuerwerk'	KnapHill-Hyb.	H. Hachmann, 1977	orangerot mit orangefarbenem Fleck	Mai/Juni	aufrecht	gut	besondere Leuchtkraft der Blüten
'Hachmann's Gabriele'	Jap. Azalee	H. Hachmann, 1979	rosarot	Mai	breit aufrecht	gut	auch für rauhe Klimate
'Hollandia'	Genter-Hyb.	P. M. Koster, 1902 in Holland entstanden	orangegelb	Mai	breit aufrecht	gut	schön vor dunklem Hintergrund
'Hortulanus H. Witte'	Mollis-Hyb.	P. M. Koster, 1892, Holland	gelborange mit lachsrosa Tönung und oranger Zeichnung	Mai	breit aufrecht	gut	schwachwüchsig

Fortsetzung: Weitere empfehlenswerte Azaleen

Art/Sorte	Sortengruppe	Züchter/Einführungsjahr	Blütenfarbe/Zeichnung	Blütezeit	Wuchsform	Winterhärte	Bemerkungen
'Hotspur Orange'	KnapHill-Hyb.	L. de Rothschild, vor 1958 in England entstanden	orangerot	Mai/Juni	aufrecht	sehr gut	bewährte Sorte
'John Cairns'	Jap. Azalee	P. M. Koster, 1922 in Holland eingeführt	scharlachrot mit dunkler Zeichnung	Mai/Juni	aufrecht kompakt	gut	Blütenfarbe in Sonne konstant
'Lily Marleen'	Jap. Azalee	V. van Nes, 1965 in Holland eingeführt	tiefrosa	Mai/Juni	breit flach	gut	bewährte Sorte
'Luzi'	Jap. Azalee	G. Mittendorf, 1975	reinweiß	Mai/Juni	buschig aufrecht	gut	stabile Blütenfarbe
'Magnifica'	Occidentalis-Hybr.	P. M. Koster, Holland, Einführung unbekannt	gelb mit orangem Fleck	Mai/Juni	breit rund	gut	Blüten duften
'Multiflorum'	Jap. Azalee	G. Arends, 1952	lilarosa	Mai	zwergig	gut	wird nur bis 30 cm hoch
'Nancy Waterer'	Genter-Hyb.	A. Waterer, vor 1871 in England eingeführt	goldgelb mit dunkelgelbem Fleck	Mai/Juni	breit aufrecht	gut	reichblütige Sorte
'Narcissiflora'	Genter-Hyb.	L. van Houtte, vor 1871 in Belgien entstanden	hellgelb	Mai/Juni	aufrecht	gut	halbgefüllte Blüten duften
'Norma'	Rustica-Hyb.	vor 1900 in Belgien entstanden	lachsrosa	Mai	breit aufrecht	gut	gefüllte Blüten
'Orange Beauty'	Jap. Azalee	V. van Nes, nach 1920 in Holland eingeführt	orangerot mit bräunlicher Zeichnung	Mai	breit aufrecht	befriedigend	für geschützte Standorte
'Palestrina'	Jap. Azalee	V. van Nes, um 1926 in Holland entstanden	reinweiß mit hellgrüner Zeichnung	Mai/Juni	breit aufrecht	befriedigend	für geschützte Standorte
'Phebe'	Rustica-Hyb.	vor 1900 in Belgien entstanden	schwefelgelb mit rosa Tönung	Mai	breit aufrecht	gut	gefüllte Blüten

Fortsetzung: Weitere empfehlenswerte Azaleen

Art/Sorte	Sortengruppe	Züchter/Einführungsjahr	Blütenfarbe/Zeichnung	Blütezeit	Wuchsform	Winterhärte	Bemerkungen
'Phidias'	Rustica-Hyb.	vor 1900 in Belgien entstanden	gelb mit rosa Tönung	M. Mai	breit aufrecht	gut	gefüllte Blüten
'Pink Cloud'	Occidentalis-Hyb.	nach 1900 in Holland entstanden	rosa	A. Juni	breit aufrecht	gut	sehr große Blüten
'Rosalind'	Jap. Azalee	H. Hachmann, 1975	rosa mit bräunlicher Zeichnung	Mai/Juni	breit aufrecht	sehr gut	sehr robuste Sorte
'Rubinetta'	Jap. Azalee	H. Hachmann, 1974	dunkelrosa mit rötlicher Zeichnung	Mai/Juni	breit kompakt	gut	besonders für Steingärten
'Schneegold'	KnapHill-Hyb.	H. Hachmann, 1983	reinweiß mit goldgelbem Fleck	Mai/Juni	dicht aufrecht	gut	sehr blühwillig
'Schneewittchen'	Jap. Azalee	H. Hachmann, 1980	reinweiß mit grüngelber Zeichnung	Mai	breit kompakt	gut	besonders schön in Steingärten
'Silver Slipper'	KnapHill-Hyb.	L. de Rothschild, vor 1948 in England entstanden	weiß mit rosa Tönung und orangegelbem Fleck	Mai/Juni	breit aufrecht	gut	schwachwüchsige Hybride
'Stewartstonian'	Jap. Azalee	J. B. Gable, 1952 in USA eingeführt	orangerot	Mai	breit aufrecht	gut	weinrotes Laub im Winter
'Sun Chariot'	KnapHill-Hyb.	L. de Rothschild, in England entstanden	goldgelb mit oranger Zeichnung	Mai/Juni	breit aufrecht	gut	leuchtkräftige Sorte
'Sylphides'	KnapHill-Hyb.	1950 in England entstanden	weiß mit rosa Tönung und gelber Zeichnung	Mai/Juni	aufrecht locker	gut	Blüten duften
'Unique'	Genter-Hyb.	vor 1850 in England entstanden	orangegelb mit gelboranger Zeichnung	Mai/Juni	schmal aufrecht	gut	schöne Liebhabersorte
'Vuyk's Rosyred'	Japanische Azalee	V. van Nes, 1954 in Holland entstanden	rosarot mit rötlicher Zeichnung	Mai/Juni	breit gedrungen	befriedigend	für geschützte Standorte

Verzeichnisse

Literatur

Albrecht, H.J. und Sommer, S.: Rhododendron – Arten, Sorten und ihre Verwendung. Deutscher Landwirtschaftsverlag, Berlin 1991.

Berg, J.und Heft, L.: Rhododendron und immergrüne Laubgehölze. Verlag Eugen Ulmer, Stuttgart 1991.

Czerski, T.E.: Der Rhododendronpark – Ein Park in Bremen. Carl Schünemann Verlag, Bremen 1986.

Gelderen, D.M. van und Hoey Smith, J.R.P. van: Rhododendron Atlas. Verlag Eugen Ulmer, Stuttgart 1992.

Krüssmann, G.: Rhododendron, andere immergrüne Laubgehölze und Koniferen. Verlag Paul Parey, Hamburg und Berlin 1968.

Michel, H.; Umgelter, H.; Merz, F.: Pflanzenschutz im Garten. Verlag Eugen Ulmer, 2. Auflage, Stuttgart 1991.

Moser, E.: Rhododendron: Wildarten und Hybriden. Neumann Verlag GmbH, Radebeul 1, 1991.

Schmalscheidt, W.: Rhododendron-Züchtung in Deutschland. Selbstverlag, Oldenburg 1980.

Schmalscheidt, W.: Rhododendron-Sorten im Sichtungsgarten der Lehr- und Versuchsanstalt für Gartenbau, Bad Zwischenahn. Heft 1. Landwirtschaftskammer Weser-Ems, Oldenburg 1986.

Schmalscheidt, W.: Rhododendron- und Azaleensorten im Sichtungsgarten der Lehr- und Versuchsanstalt für Gartenbau, Bad Zwischenahn. Heft 2. Landwirtschaftskammer Weser-Ems, Oldenburg 1990.

Schmalscheidt, W.: Rhododendron- und Azaleenzüchtung in Deutschland, Teil II (1930-1990). Verlag Gartenbild Heinz Hansmann, Rinteln 1991.

Schmalscheidt, W.: Rhododendron- und Azaleensorten im Sichtungsgarten der Lehr- und Versuchsanstalt für Gartenbau, Bad Zwischenahn. Heft 3. Landwirtschaftskammer Weser-Ems, Oldenburg 1995.

Bildquellen

A. Bärtels, Waake: Titelbild (Einklinker rechts), Umschlagrückseite (Einklinker rechts), Abb. Seite 11, 12, 37, 47, 49, 50, 55, 71, 78.

M. Breckwoldt, Hamburg: Abb. 7, 29, 54, 61, 64, 67, 79.

E. Morell, Dreieich: Titelbild (Einklinker links), Umschlagrückseite (Einklinker links), Abb. Seite 15, 17, 22, 27 unten, 34, 35, 52 oben, 59, 66, 68, 70.

H. Reinhard, Heiligkreuzsteinach: Titelbild (groß), Abb. Seite 10.

W. Schmalscheidt, Oldenburg: Abb. Seite 19, 20, 23 (2), 25, 26, 27 oben, 30, 44, 45 unten, 56 unten.

S. Seidl, Altdorf: Abb. Seite 2, 9 (2), 18, 31, 33, 36, 38, 39, 41, 42, 45 oben, 46, 48, 51, 52 unten, 56 oben und Mitte, 74, 76.

Die Zeichnungen fertigte Manuela Hutschenreiter, München, nach Vorlagen des Autors.

Verzeichnis der Rhododendronarten und -sorten

Mit * versehene Seitenzahlen geben Hinweise auf Abbildungen. Die Zugehörigkeit zur Gruppe der Azaleen ist durch ein (Az) hinter der Arten- oder Sortenbezeichnung kenntlich gemacht.